Kraft.

Ein Grundbegriff ästhetischer Anthropologie

Christoph Menke

力

美的人間学の根本概念

著　クリストフ・メンケ

訳　杉山卓史・中村徳仁・吉田敬介

人文書院

カ　美的人間学の根本概念　目次

凡例　4
文庫版への序言　7
序言　27
第一章　感性――想像力の無規定さ　33
感官の恣意／病理学的《パトローギッシュ》な効果／感性的なものの「内的原理」／力と能力
第二章　実践――主体の訓練　57
感性的な明晰性／訓練／魂は主体である／個人と規律
第三章　戯れ――力の作用　89
美的系譜学／表現としての力／魂の曖昧なメカニズム／普遍性なき統一／「上位の力の傷つきし者」
第四章　美化――実践の変貌　121

霊感から生動化へ／自分自身のための感触／美的になること／展望――美学理論

第五章　美学――哲学の論争　151
完全性から自己確認へ／新旧の争い

第六章　倫理学――自己創出の自由　173
芸術家から学ぶこと／〈できないこと〉ができること／生ある運動／他なる善／美的な自己享受／自分自身を創造すること

訳者解題　211
訳者あとがき　220
注　247
初出一覧　249
略号一覧　253
人名索引　257

凡例

- 本書は Christoph Menke, *Kraft. Ein Grundbegriff ästhetischer Anthropologie*, Suhrkamp 2017 の全訳である。本書はすでに二〇〇八年に Suhrkamp 社から出版されているが、底本としては、文庫版への序言が付された二〇一七年版を用いた。
- 本書の主題でもある Kraft には「力」、その対概念である Vermögen には「能力」という訳語をあてることを原則とした。またこれらの概念との区別のため、多くの場合「権力」もしくは端的に「力」と訳される Macht は、文脈に応じて「威力」「権能」「権力」などと訳し分けた。また類似概念である Können には「力能」「〈できること〉」、Fähigkeit には「技能」「〈為しうること〉」などの訳語を文脈に応じてあてた。
- 本書の副題にも登場する ästhetisch という語には、学問としての美学を形容している場合は「美学的」、それ以外は基本的に「美的」という訳語をあてることを原則とした。また学問領野としての Ästhetik には「美学」、美的な状態への変貌を意味する Ästhetisierung には「美化」という訳語をあてた。
- 原則として、原著のイタリックおよび隔字体による強調部分には傍点を付し、太字による強調部分はゴシック体の太字とした。
- 原著における引用符は「　」とし、（　）や［　］は原著者の用法に準じた。
- 日本語訳のページ数や訳者による補足は〔　〕で括り、また読みやすさを考慮して適宜原著にはない〈　〉を補った。
- 適宜、訳語の直後に原語を示した。
- 原著で引用されている文献のうち、日本語訳のあるものは初出および略号一覧で示した。なお略号一覧は本書の末尾に付した。
- 日本語訳のある文献からの引用に際しては、原則として本書で示した日本語訳を使用した。ただし、表記の統一や文脈上の観点から、訳者の判断で訳文を一部修正した箇所がある。
- 注については、原著に準じる仕方で、文庫版序言のみの傍注、通し番号の巻末注、＊で示した傍注を、それぞれ付した。また必要に応じて、†で示した訳注を付した。
- 原著における明らかな誤植や情報の誤りと思われる箇所は、特に断らずに訂正した。

力　美的人間学の根本概念

文庫版への序言

I

どんな意図もそうであるように、ある書を著す際に抱いていた意図も、あとになってからはじめて明らかとなる。その書で何をしたかったのかは、その書から何が生じてきたかに照らしてはじめて知られる。本書の始まりは、大多数の場合と同様、依頼された仕事であった。その仕事とは、カールハインツ・バルクが他の幾人かと編集した事典『美学の根本概念』のために書かれた「主体」と「主体性」についての項目[1]であった。その主題は、この事典のもともとの構想に従うと、哲学史を辿る道を採りつつ現在の議論にも通じる問いを立てることにあった。この問いは、「作者の死」以後の主体の概念へと向けられていたのだ。この問いに答えるための出発点をなすテーゼは、作者としての主体へ

(1) Karlheinz Barck u.a. (Hrsg.), *Ästhetische Grundbegriffe: Historisches Wörterbuch in sieben Bänden*, Band 5, Stuttgart/Weimar: Metzler 2003, S. 734-787.

の批判はあらゆる点において説得的であるが、とはいえこの批判によって美的主体への問いは終わっておらず、そもそもようやく立てられることになったのだ、というものである。哲学史から理解するならば、美学の主体概念へのこうした問いは、近世哲学の根本概念としての主体へと美学がどのような仕方で関係しているのかを問うことにほかならない。美学は、近世的な主体概念の根本前提を受け入れた上で、単にそれを文化的実践――たとえばさまざまな芸術、もしくは研究や思考、描写についての技術――という他の分野へと応用しているにすぎないのだろうか？　それとも美学は、こうした芸術や技術を範例としそこから出発するというまさにそのことによって――そればかりか、まさにそのことのゆえに――主体についてのまったく他の概念を展開しているのだろうか？

かくして本書の冒頭には、近代美学に特有の始まりに向けられた、以下のような問いがある。一八世紀以来の近代哲学が美学の反省形式を養成したのはなぜであり、それは何のためだったのか？　美学という新しい「領域」（バウムガルテン）は何をめぐるものであったのか？　そしてこうした問いへと答えるための第一歩が向かうのは、近世哲学がすでに展開していた主体概念とは根本的に区別されるような主体の概念が美学によって養成されている、ということの証明である。美学は、どこか別の領域で定式化された洞察や予め定式化されていた洞察を応用するわけではない。むしろ美学は、真に近代的な主体性概念が養成される場である。[2]主体性についての近代的思考は、美的思考として始まるのである。

とはいえ、近代美学の始まりへの問いに答えるため本書が踏み出す第二歩目において、すでに哲学史的な視座は乗り越えられざるをえない。この第二歩目が立てるテーゼ曰く、美学は——近代哲学によって軌道に乗せられた美学は——ある種の分裂の始まりである。すなわち美学は、近代哲学の原舞台 Urszene、つまり近代哲学が生み出される舞台であると同時に、近代哲学が分裂していく舞台である。というのも美学は、その始まり以来、相互に対抗し合うよう方向づけられた二つの構想のあいだの争いのただなかで、近代的な主体性概念を展開してきているからである。主体性をめぐって美学が織りなすこうした争いは、主体性の特徴や形態の個々の点に関わるのではなく、少なからず主体性の本質に関わっている——すなわちそれは、主体性のあり方に関わっている。まさしくこの点に、美学の現在性がある。一八世紀において美学とともに始まるのは、特殊に近代的な主体性理解だけではない。美学は、その成立の瞬間に、それぞれ闘争し合う二つの構想へと分裂しているのであり、そのことによって、その内奥の核心に至るまで近代哲学を形作る争いを先取りしているのである。

美学において最初に形作られ、さらに言えば美学において最も判明な仕方で形作られているこうした争いこそ、本書が提示しようとするものである。とはいえこのことは、党派に偏ることなく歴史を

(2) 近世的な主体性概念から近代的な主体性概念が区別されるのは、後者が自己意識の概念を始めるものなのではなく、〈できること Können〉の概念を始めるものであるという点においてである。近代的な主体性概念は、主体性についての実践的概念なのだ。このことは、本書第二章において、バウムガルテンに即して示される。

振り返るという仕方ではなされえない。美学の争いは、自ら参与する仕方によってのみ、描写されうるのだ。美学の争いへと踏み込むことこそ、なされねばならない。ここには中立の立場などというものは存在せず、もっぱらいくつかの党派があるのみである。それゆえ本書は、美学の争いについて、ある立場が別の立場に対抗するような仕方で、提示することになる。

ここで扱われるそれぞれの立場は、本書において、単純な名前をもつ。すなわちそれぞれの立場は、「能力 Vermögen」と「力 Kraft」の立場である――能力の理論としての美学の立場と、力の理論としての美学の立場である。もっとも、これらの名前こそ単純であるものの、二つの美学のこうした対立関係そのものは単純ではない。それは命題と反対命題の対立関係ではないし、能力あるいは力のどちらかを単純に主張するような対立関係でもない。能力と力とは、威力 Macht がとる根本的に異なった二つの形態である。威力はここで、作用の可能性（もしくはその潜在的可能性）を表している。能力とは、こうした威力がとる特殊な形態のうち、規範的かつ社会的な実践の参加者として主体を定義するような形態である。能力をもつとは、何かを為す能力があるということである――つまり、何かを為すことが、すなわちその何かをうまく為すかもしくは成果が出るように為すことができるということ、その何かを成功させることができるということである。能力とは、規範的な威力であり、善を生み出す威力であり、つまるところ社会的実践へと参与する威力なのである（というのも、善とは、社会的実践に内在する尺度だからである）。それに対して、力とは、戯れ Spiel として展開されるような作用の威力である。この場合、近代美学の定義づけによると、そこであらゆる産出が同時に産出されたものの解消、超克、変貌を意味するという点において、規則も尺度も欠いているような遂行の仕方こそ、戯れであるということになる。力とは、作用の威力であり、何かをそれ自体の表現として生み出しつつ同時に解消させ、第一の表現を超克しつつそれを別の表現へと変貌させるような作用の威力である。能力というものの行使が規範的であるとすれば、力というものの戯れを伴う作用はアイロニカルなのである。

それゆえ、相互に争い合う二つの美学の形態同士の対立関係は、単純なものではありえない。ここで「能力」と「力」という名をもつ二つの美学のいずれも、主体の威力を、能力とも力とも同一視してしまうことはない。こうした美学同士の争いのうちでは、能力の理論および力の理論のどちらもが表明されている。とはいえ両者の対立関係は、これによって解消されるということはなく、むしろ深められる——それは、能力と力との関係のうちに存する対立関係として深められるのである。威力がとるこれら二つの形式は、そのどちらも他方なくしては存在しないのだが、とはいえ同時に両者は、それらが遂行される際に相互に対立し合ってもいる。だからこそ、「能力」の美学という一方の美学が、両者はお互いに補完し合い、ある種の弁証法的統一を形成しているのだと主張するのに対して、他方の「力」の美学は、この統一を逆説《パラドックス》だと理解する。この逆説による矛盾は、わたしたちによって解消されることはできず、耐え抜かれ遂行されねばならないのである。(3)

力と能力との逆説的統一を展開しようというこの計画こそ、本書の副題が示す通り、「美的人間学ästhetische Anthropologie」の理念である。本書において、こうした理念の記述は、その出発点である哲学史的問いに基づき、一八世紀末の議論状況の再構成に、またその中でもとりわけズルツァーとヘルダーによる考察に、結びつくものであり続ける。だからこそわたしは、今一度、美的人間学の根本思想を再定式化することになる。このことによって同時にまた、普遍的でありそれゆえ抽象的であるこうした根本思想が、具体的であり細部に立ち入るようなさらなる探究という綱領をどの程度まで含みこんでいるのかという点も、明らかにされることになる。

II

美的人間学という計画は、力と能力の相違を根拠づけるところに存する。その際、力という概念が必要となるのは何のためだろうか？　主体が、もっぱら自らの能力によってだけでは、すなわち規範的実践への権限ある参加者という自らの社会的姿によってだけでは定義づけられえないのは、どうしてだろうか？　主体が、社会的な存在でありうるために、社会的であるより以下であり同時にまた社会的であるより以上でなければならないとされるのは、どうしてだろうか？　美的人間学は、力の（能力との）差異について、二つの議論を展開する。わたしたちが、主体という自らのあり方を、もしくは主体として自分自身を把握しようと思うとき、こうした差異を思考せざるをえないのはなぜなのか――この問いに、美的人間学は二通りの答えを与えるのだ。これら二通りの答えは、体系的な仕方で、それぞれの答えを指し示し合うことになる。

美学の第一の議論は、美的な快というものが存在する場合にのみ、事態が理解可能となる、というものである。なぜならば、美的な快は、何かしらの欲求を満たすという構造も、ある対象を通してある尺度を実現するという構造も、もち合わせていないからである。美的な快は、有益さの快でも、善の快でもない。むしろ美的な快とは、満たされないことへの快ないしは実現されないことへの快であり、有益さが破壊されたり善が失敗したりすることへの快なのである（だからこそ美学と悲劇とは近いのだ）。美的な快は、自らの能力によって定義づけられる主体というあり方に対する、否定性への快である。それが肯定的な仕方で、したがって快として理解されるべきであるとすれば、主体というあり方

（3） この事態は、以下の文献における解釈学的美学と否定的（もしくは脱構築的）美学の関係にも対応している。Christoph Menke, *Die Souveränität der Kunst. Ästhetische Erfahrung nach Adorno und Derrida* (Frankfurt am Main: Athenäum 1988; rev. Taschenbuchausgabe Suhrkamp 1991)〔クリストフ・メンケ『芸術の至高性――アドルノとデリダによる美的経験』柿木伸之／胡屋武志／田中均／野内聡／安井正寛訳、御茶の水書房、二〇一〇年〕. この関係をめぐってなされているのが、マルティン・ゼールとの議論である。以下を参照。Martin Seel, *Die Macht des Erscheinens*, Frankfurt am Main: Suhrkamp 2007, S. 27-38. 以下も参照。Georg W. Bertram, *Kunst als menschliche Praxis. Eine Ästhetik*, Berlin: Suhrkamp 2014, S. 26-37.

に対する否定性は、同時に、ある他の遂行のあり方を肯定するものとして記述されねばならない。すなわち美的な快とは、さまざまな力の戯れを解き放つことでもって、つまり有益さも意味もどちらをも同じように欠いており、まさしくその点で「生動化する beleben」ような力の戯れを解き放つことでもって、実践や主体性を超克することへの快なのである。美的な快を把握するために、主体は、単に主体であるだけのあり方より以上のものとして、あるいは単に主体であるだけのあり方より以下のものとして、理解されねばならない。美的な快とは、主体が自分自身へと抱く快なのではなく、人間が主体との差異において抱く快なのだ。本書では、こうした事態について人間学ということが言われる。美学は人間を、主体ではないような潜在力をもち、主体ではないような遂行をなすための場として、思考するのである。

しかしながら美学は、こうした議論にとどまりはしない。美学はさらに決定的な一歩を踏み出す。第一の議論が述べることに従うと、美学は、美的な快という状態を把握するために、能力に対する力の差異について、もしくは主体に対する人間の差異について思考せねばならない。だがこれに対して第二の議論が述べるところによれば、美学は、主体について思考するために、すでにこうしたことを行っているはずである。すなわち、自分自身を主体として把握しようと思う者は、自分自身のことを、主体としての自分自身との差異のうちに在る人間として、思考しているにちがいないのである。

主体の概念は、成功をもたらす遂行が可能なのはどのようにしてか、という問いへの答えである。

この場合に主体は、能力の審級として、社会的かつ文化的な仕方で構成されている。主体は一人の参加者なのだ（したがって原子《アトム》などではない）。美学は主体を、訓練と馴致によって社会的に制作されているものとして把握する。だからこそ、成功をもたらす実践——知ること、行為すること、コミュニケーションをとること、描写すること、などのさまざまな実践——を可能とする条件が問われる際、主体の能力とその能力を生み出す訓練とが視野に入ってくるのである。

　だが、何かを可能にするこうした主体化のプロセスそれ自体を可能とするものとは何なのだろうか？　訓練のプロセスは、主体としての人間の文化的で社会的な状態へとつながる。とはいえこの訓練のプロセスは、文化や主体に先立つ人間の状態において、すなわち自然な状態においてこそ始まるものである。こうした自然な状態について思考するために、人間学は力の概念を必要とする（あるいは、人間学は美的な人間学とならざるをえなくなる）。こうした人間学のテーゼによれば、自然な状態は、美的な状態として、すなわち力の美的な戯れとして、理解されねばならない。というのも、人間の自然な状態が、主体にとって他なるものでありながら、まさしくそのことによって主体にとっての始まりでもあるという二重の条件を満たすのは、自然本性についての美的な概念、力としての自然本性という美的な概念だけだからである。人間の自然本性に関して美的人間学が提示する（二重の）テーゼによれば、人間は、その自然本性からしてすでに主体への「素質」をもつわけではなく、それゆえまずもって訓練によって主体とされなければならない。こうして人間は、その自然本性からして因果律や本能によって完全に決定されているわけではないがゆえに、訓練によってのみ主体とされることができる。主体が自分自身のことを自然な条件から生成してきたものとして理解しようと思うならば、主体が自らの現実存在を精神として、さらに自らの発生の系譜を自然から、ともに思考しようと思うならば、その際に主体がなさざるをえない想定が、力である。人間がその自然本性からして自然における「隙間 Lücke」（アドルノ）であるというその場合においてのみ、人間は主体へと成ることができる。[4]自然におけるこうした隙間――主体との差異においてこそ人間がそのようなあり方をする隙間――を開くのが、力の美的な戯れなのである。

　こうして力の美学は、近世哲学によって立てられた対立をラディカルに問いに付すような思考の形式を先取りする。ここで言われるのは、規範的実践の参加者としての主体の内的な自己解説と、客観的に認識可能な世界のプロセスのうちへと主体や実践を含みこんでしまうような外的な説明とのあいだにある対立である。[5]客観的な視座をとることの問題は、それが主体性を（またそれによって実践のもつ規範性をも）消滅させてしまう、というところにある。客観的に考えれば、主体性など存在しないのだ。他方、自己意識から始まりその自己意識を展開するような主体の思考は、自分が自分にとって他なるものから生成してきたというそのことを――またそれがいかにしてなされたかということを――理解することができない。こうした主体の思考は、主体性というものを一つの事実たらしめてしまう。これらに対して、美的人間学による系譜学的議論は、〔主体の思考という〕自己意識の視座を客観性へと解消してしまうことなく、この自己意識の視座を乗り越えていく。美的人間学は、主体にとって他なるものについて思考し、それを主体の始まりでありそれゆえ主体の条件をなすもの、主体が規範的に実践をなすその遂行それ自体において存在し作用をもたらすものであるとする。力とは、主体性にとって固有の他なるものであり、それゆえ内的な他なるものなのである。

だがこうしてみると、フーコーによる批判によれば人間についての近代的概念を構成するとされるものは、まさしく美的人間学が言うところの人間に当てはまりはしないだろうか？　念頭に置かれているのは、近代哲学の人間とは「奇妙な経験的＝超越論的二重体」であり、純粋な自己意識において与えられている主体性の形式と、現実の人間の有限なあり方についての経験的に認識された客観的条件とのあいだで行ったり来たり揺れ動くような存在であるとする、フーコーの見方である。かくして美的人間学が近代的思考の根本運動の姿を先取りしているのだとすると、それはもっぱら、近代的思

（4）　Christoph Menke, »Die Lücke in der Natur: Die Lehre der Anthropologie«, in: *Merkur*, 68. Jahrgang, Dezember 2014, S. 1091-1095. こうした観点から論じられるファビアン・ホイベルのテーゼによれば、力の美学にはある種の存在論的な（もしくは自然哲学的な）次元がある。以下を参照。Fabian Heubel, »Kritik als Übung. Über negative Dialektik als Weg ästhetischer Kultivierung«, in: *Allgemeine Zeitschrift für Philosophie*, Bd. 40 (2015), Heft 1, S. 63-82.

（5）　以下を参照。Thomas Nagel, »Subjective and Objective«, in: *Mortal Questions*, Cambridge u.a.: Cambridge University Press 1979, S. 196-213〔トマス・ネーゲル「主観的と客観的」『コウモリであるとはどのようなことか』永井均訳、勁草書房、一九八九年、三〇六―三三二頁〕.

考がここではじめてある特定の言説の探求へと踏み出したからでしかないのではないだろうか？「この場合の言説とは、その緊張が経験的なものと超越論的なものとを、分離したまま維持しようとすることによって、ともかくも両者を同時に目指すことを可能にするものであり、人間を主体として、すなわち、経験的でありながら、認識を可能にするものにもっとも近いところまで連れもどされた諸認識の場所として、さらに、その諸内容に直接的に現前する純粋形式として、分析することを可能にしようとするものである。」[6]

このように思われるとすると、決定的な点が見逃されている。美的人間学は、主観的か客観的か、超越論的か経験的かといった対立関係と異なった第三の立場、すなわちこれら二つの側面を相互へと「媒介」したりそればかりか宥和させたりすることを試みるような第三の立場などではない。そうした試みには見込みがないのだ。美的人間学が企てるのは、まったく他の試みである。この人間学は、近代的な対立関係の両側面にまったく他の意義を付与する。美的人間学は、主体にとって他なるものを主体に固有の内的条件として認識することによって、主体の自己意識に基づく超越論的反省を、自らの限界を超克していく自己の系譜学的反省へと、転換させる。だがこうしたことは、系譜学的反省が、主体にとって他なるものを、経験的で客観的な認識の対象とせず、他の仕方での経験 Erfahrung の対象とするからこそ可能となる。ここで言われる他の仕方での経験とは、主体へと結びついてはいるものの、それでも（超越論的経験と区別される）経験的経験についてカントが述べるように）主体によってその企図に従う仕方では、生み出されることがなかったような経験である。つまりそれは、美的な快の経験、美的な経験である。

この点において示されている通り、力について美学が行う二つの議論は、すなわち美的快の現象学および主体の系譜学という二つの議論は、本質的に表裏一体である。系譜学的議論が述べるところによれば、主体が生成するという事態は、主体の力によって可能とされている。主体を把握するために、わたしたちは主体に先立つ人間の自然本性を美的な自然本性として把握しなければならないのだ。しかしながら、美的な自然本性は、経験的認識の対象ではない。客観的に見れば、美的な自然本性なるものは存在しない（主体なるものや主体の能力なるものが存在しないのと同様である）。だからこそ、美学による系譜学的議論において、力はつねに単なる要請にとどまることになる。これに対して、美学がその第一の〔美的快の現象学という〕議論のもとで記述しつつ引き合いに出す美的な状態において、わたしたちは、思考においては要請されるものである力の戯れを、経験する（他方、系譜学的思考はこれと反対に、美的経験が必然的可能性であるのはなぜなのか、すなわち美的経験をなす可能性をもつことが必然的に主体というあり方に属しているのはなぜなのかを、根拠づける）。超越論的な自己反省を系譜学的に理解しながら、

（6） Michel Foucault, *Die Ordnung der Dinge. Eine Archäologie der Humanwissenschaften*, übers. v. Ulrich Köppen, Frankfurt am Main: Suhrkamp 1971, S. 384 und 387〔ミシェル・フーコー『言葉と物——人文科学の考古学』新装版、渡辺一民／佐々木明訳、新潮社、二〇二〇年、三七四頁および三七七頁〕.

さらに人間の自然本性についての経験的知識 Empirie を美的快の現象学として理解することによって、美学は、近代哲学の運動法則がそこに存するとフーコーが見た単なる「揺れ」[7]を突き抜けて、〈超越論的な自己反省と人間の自然本性についての経験論的知識という〉その両者を相互に結び付ける。美学とは、系譜学的自己反省と美的なものの現象学との統一である。だからこそまた美学は、二つのまったく異なる記録のされ方や形態を統一することのうちにのみ、すなわちエッセイ様式でありかつ基礎反省であるものとして、展開されうるのである。

Ⅲ

本書においては、近代美学の始まりが再構成され、それによって美的人間学の理念が導入される。とはいえこの理念は、本書において、突き詰めて展開されてはいない。美的人間学という理念は、根本的であるのと同様に抽象的である。それが述べるところによれば、力の戯れこそが主体の能力の条件であり、それゆえ規範的実践や社会的実践、文化的実践といったもの一般の条件である。だがこうした根本理念は同時に、ある探究のための綱領をも含みこんでいる。この綱領は、主体や実践の本質的形式についての特有な記述の仕方に、すなわち、能力のもつ規範性とのあいだで織りなされる闘争的な相互交替の戯れのうちにある力の作用が、〈主体や実践の本質的形式という〉これらの形式においてこそ見出されうるようになる、という記述の仕方に存する。つまりそれは、次のようないくつかの点を明らかにするという綱領である。この綱領は、社会的実践についてのさまざまな形式を内在的なアプローチで分析することを通して、これらの形式の規範的遂行を再構成することが、否が応でも力についての思想を必然とするのだということを――そしてこうした事態が、その都度まったく異なった仕方でそれぞれどのように見出されるのかということを――示す。さらには、形式のこうした規範的遂行が、主体的能力の養成や応用およびさまざまな力の作用へと、それ以上還元されえない仕方で立ち戻りつつ関係づけられている場所とはどこであるのかを、示す。こうして最終的には、社会的実践がさまざまな仕方で遂行される際に力が作用していると承認されることで、この社会的実践の遂行がどのような仕方で根本的に変化するのか、ということを示す。美的人間学によって綱領として定式化されるこうした探究は、系譜学的と呼ばれうる。この探究がとる手続きは、社会的な実践にとって他なるものから、社会的な実践の始原（もしくはその生成）へと立ち戻る、というものである。その際にこの探究が目的とするのは、実践の変化の可能性について思考するということである。(8)

美的人間学という理念の解明に続いてなされざるをえないこうしたさまざまな探究のなかでも、そ

（7）同上 S. 386〔三七六頁〕.

（8）本書第六章においてわたしは、ニーチェを引き継ぎつつ、善という倫理学上の概念のためになされたこの種の系譜学的探究の輪郭を素描している。この素描は、さらなる探究のためにひとまず置かれたものである。

の第一の探究は、狭義の美学の領域に、哲学の下位区分の一領域としての美学に、すなわち美しいものや芸術の理論としての美学に帰属する。というのも、近代社会において芸術は、社会的規範にとって他なるものとしての力の戯れを展開するというそのためにその場所に存在するような実践の形態だからである。これによって芸術は、真なる成功が――作品の美が――能力と力との相克、規範的実践と美的戯れとの相克のうちにのみ存するのだということを、指し示すのである。[9]

この点にこそ、近代社会における芸術の特殊性がある――つまり、社会的実践の定義のされ方や組織のされ方に対する、芸術の差異がある。というのも、社会的なものに関する近代的組織は、力という美的戯れを管理し限定することを――その現代の姿で言えば、経済活動とすることを[10]――目指すからである。こうした理由から、芸術の理論としての美学は、美的人間学によって綱領として根拠づけられるような系譜学的な探究方法の、たんなる任意の一事例というわけではない。むしろ、芸術のもつ特別な地位、すなわち「社会に対する社会的アンチテーゼ」（アドルノ）としての地位から帰結するのは、こうした探究の綱領が、芸術の理論抜きではまったくもって定式化されえないということである。というのも、美的人間学が、経験による明証性を力の思想に与えるために美的快の現象学を必要とするのと同じように、系譜学的探究の綱領もまた、次のことを理解するために芸術という実例を必要とするからである。つまりそれは、能力と力との相克こそまさしく成功を可能にするものであるということを――そしてそれがいかにしてそうであるかを――理解するために、すなわち、力の美的戯れにおいて有益さが破壊されたり善が超克されたりすることが成功の条件であるということを理解するために、芸術という実例を必要とするのである。こうしたことは、典型的には芸術に当てはまるが、とはいえ独占的に芸術だけに当てはまるというわけではない。芸術の理論が、芸術は何を為すのかということ（芸術は能力と力との相互交替の戯れを指し示すということ）や芸術の理論がひとえに可能であるのはいかにしてかということ（それは美的人間学という枠組みにおいてこそ可能であるということ）を適切に理解する場合、この理論はそれ自体のうちに、芸術を超えて行こうという要求を含みこむことになる。もっぱら芸術についてだけの理論など存在しない。芸術の理論はさらに進んで、社会的実践についての美的かつ系譜学的な探究に向かわねばならないのであり、こうした探究は、社会的実践のもとに能力と力との逆説的統一が存することを指摘するのである。

こうした系譜学的探究が明示しようと試みるテーゼとは、能力と力との逆説的統一にこそ――その都度その都度異なった仕方においてではあるが、幾度も繰り返される仕方において――社会的実践の

（9） 以下を参照。Christoph Menke, *Die Kraft der Kunst*, Berlin: Suhrkamp 2013. この書の第一部は、芸術理論上の根本概念について――すなわち芸術作品、美、判断、実験といった根本概念について――こうしたテーゼを展開している。

（10） 美的なものを経済活動とする Ökonomisierung とは、美的なものを、それがもつ反規範的で非社会的な潜在性においてある種の社会的生産力とし、それによって一つの「価値」としようとする試みのことである。この点については以下を参照。Christoph Menke, »Das Paradox der Fähigkeit und der Wert des Schönen«, in: Leonhard Emmerling/Ines Kleesattel (Hrsg.), *Politik der Kunst*, Bielefeld: Transcript 2016, S. 85–100.

成功がかかっている、というものである。つまり美的人間学によって綱領として定式化される系譜学的な探究方法は、規範性についての他の概念を目指している。この概念が他のものであるとされるのは、この概念によっては実践的成功が合理的能力に還元されることがないからである。実践的成功はすべて、あらゆる形態において、力による中断し変化させる介入を必要とする。（本書の最後の一文に従って）美的人間学の最後の言葉が自由であるとすると、系譜学的探究が目指すのは、実践を自由とし、それによってこの実践の参加者を自由とする解放である。こうした解放こそが、はじめて真なる成功を——思考の真理を、法権利 Recht の正義を[11]——可能とするのである。

二〇一六年九月　ベルリン／フランクフルト・アム・マインにて

クリストフ・メンケ

（11） *Die Kraft der Kunst* の第二部を参照。法権利の規範性については以下。Christoph Menke, *Recht und Gewalt*, Berlin: August 2011 ならびに *Kritik der Rechte*, Berlin: Suhrkamp 2015. これについて本質的なのは以下。Andreas Fischer-Lescano, *Rechtskraft*, Berlin: August 2013.

「要するに、美的な状態において人間は零なのです……」（フリードリヒ・シラー）

〔『人間の美的教育について』小栗孝則訳、法政大学出版局、二〇一一年、一二四頁〕

序言

なんのための美学か？——この問いには、すぐさま簡単に答えが与えられるように思われる。美学が存在し、それぱかりか必要とされるのは、美的なもの das Ästhetische が存在しているからである、と。つまり、（そのように「美的」と性格づけられるような）さまざまな対象が存在し、そうした対象について哲学的に考察するのが美学の主眼なのであるから、と。ここで述べられているのは、さまざまな芸術、美しいもの das Schöne や崇高なもの、あるいはスポーツ、デザイン、流行などといったものである。美的な対象はさまざまに存在しているのであり、それゆえにまた美学理論も存在するにちがいない。——こうした答えをもって、美学は、哲学にまつわる他のさまざまな領域区分のすべてと並んで、つまり政治哲学、道徳哲学、科学哲学、技術哲学、文化哲学などと並んで、正当な地位を占めることができるのである。

だがこのような答え方では、見逃されてしまう点がある。それはすなわち、美的であると名指される対象が現実に存在しているというそのことが、まったく自明ではないという点である。わたしたちが「芸術」と呼ぶものは、経済活動に属するはずのさらなる一分野——スポーツやデザイン、流行などといったものが属する「文化産業」の一部——でしかないのではないか？　そしてわたしたちが「美しい」と呼ぶものも、快の感覚（ないしはそれに対応する脳内の事象）を引き起こす要因でしかないのではないか？　ここで言われる対象が「美的」と呼ばれうるようなまとまった一領野を構成しているなどということは、なおさら自明には思われない。それはまったく異なる事柄の寄せ集めではないのだろうか？　こうしてみると、美学を営むためには、さまざまな美的対象が現実に存在していることについてすでに確信をもたねばならないだろうし、これらの対象について「関心をもつ」ことがなされねばならないように思われる。「なんのための美学か？」という件の問いが美的と呼ばれるこれらの対象から答えられるのだとすれば、美学は個人の関心の表現だということになるだろう——そして個人の関心に合わせて、その威信は高まっていく（そして下がっていく）ことになるだろう。

とはいえ、美学を根拠づけるのは、美的であるとされる美学のさまざまな対象（そしてこれらに向かう「関心」）であるわけではない。むしろ美学の方こそが、美的だとされるさまざまな対象が織りなす領野を根拠づける。すなわち美学は、それが美的なものの構造を成すものであるというそれゆえにのみ、そして美学によってはじめてその対象が「美的な対象」として生み出されるというそれゆえにのみ、美的なものの理論たりうるのである。「なんのための美学か？」という問いは、「美的なものが存在しているのだから（そしてわたしたちが美的なものに向かう関心を有しているのだから）」と断言するだけでは、答えられたことになりえない。というのも、「なんのための美学か？」という問いを立てるとは、「なんのための美的なものか」と問うことを意味するからである。だが美学は自らの対象である「美的なもの」を――そしてそれによって美学それ自体を――生み出すのだと言えるとして、それは何を意味し、いかなる前提をもち、いかなる帰結をもつのであろうか？

*

美学というものがいかなる構造を成してきたのかを想起するために、本書では、ある種の再構成の道がとられる。それはすなわち、一八世紀において美学が形成される過程を――バウムガルテンの『美学』からカントの『判断力批判』に至る過程を――再構成するという道である。その際に示されるのは、哲学において正当な対象だとされるものの分野が美学によってさらに拡大されたわけではない、ということである――これらの対象はすべて、以前からすでに存在していたのだ。美学はむしろ、「美的なもの」というカテゴリーの導入によって、こうした対象を根本的に新しい仕方で規定し直した。もっとも、美学が歴史上いかに形成されてきたかの再構成に際して特に示されるように、「美的なもの」というカテゴリーの導入は、少なからず、哲学におけるいくつかの根本概念の変化を要求することになった。美学において——あるいは美学として——近代哲学は始まるのである。

このようにして、主体概念に一定のかたちを与えるのが、バウムガルテンの美学、すなわち最初の『美学』である。ここで言われる主体概念とは、さまざまな能力を総括する概念であり、何かを為しうるという技能を取りまとめる審級のことである。それは、何かができる者 Könner としての主体の概念である。バウムガルテンは、感性的な認識や描写を、主体が訓練を通して獲得したさまざまな能力の行使であると捉えることによって、人間の実践についての近代的理解に(そして人間の実践が成功するための可能性の条件を探究するものとしての哲学についての近代的理解に)定式を与えることになった。だからこそ、美学という美的なものの反省は、近代哲学において中心的な役割を果たすことになる。すなわち美学においてこそ、主体の哲学、主体の能力の哲学は、自分自身の可能性を確かめるのである。

しかしながら主体の哲学は、美的なものとそれについての反省というまさしくこの点において同時に、この哲学にとって最も決定的な敵対者に——主体の哲学に対してその内側から闘いを挑む敵対者に——出会う。というのも、主体が所有する感性的能力の理論である「バウムガルテン流」(ヘルダー)の美学には、すぐさまある他の美学が、すなわち、力の美学が、対峙することになるからである。力の美学は、美的なものを捉えるにあたり、それを(何かについての)感性的な認識や描写であるとはせず、表現の戯れであるとする——そしてこの表現の戯れを駆り立てるものこそ、実践における能力と同じようには行使されることがないものとしての力、むしろそれ自体を実現するようなある種の力である。この力なるものは、何かを再認識することも何かを再現前化することもない。なぜならば力は、「曖昧 dunkel」で無意識のものだからである。それは、主体そのものがもつ力というよりも、主体としての自分自身とは区別されるような〈人間〉がもつ力なのだ。力の美学は、人間の自然本性についての学である。すなわちそれは、訓練を通して獲得された人間の実践の文化との差異のうちにある、人間の美的な自然本性についての学なのである。

＊＊

以上が、全六章からなる本書が展開しようとするテーゼである。**第一章**では、合理主義による感性的なものの概念から、美学の出発点が想起される。ここで扱われる感性的なものとは、定義可能な規定や尺度をもたない何ものかである。**第二章**では、バウムガルテンによる感性的認識の美学が、主体やその能力についての理論として再構成される。そしてこれに続くのが、美的な主体化を個人化と解してよいのか、あるいは規律化と解してよいのか、という論争である。**第三章**および**第四章**では、ヘルダー、ズルツァー、メンデルスゾーンのテクストから、力の美学という対抗モデルにおける根本モチーフのいくつかが展開される。ここで言われる美的なものは、「曖昧」な力の作用であり、普遍性なき遂行であり、規範や法則、目的の彼岸にあるものである――すなわち、一種の戯れである。そして美的なものは、自己反省のもつ快でありながら、主体やその能力、その実践が変貌していくプロセスである——すなわち、美化〔美的な状態への変貌〕Ästhetisierung のプロセスなのである。

　この力の美学は、差異の人間学とでもいえるものを基礎づける。すなわちそれは、力と能力との差異、人間と主体との差異の人間学である。本書の結びとなる二つの章では、この意味での人間学から何が帰結してくるのかという論点が、哲学的美学という理念および善の理論である倫理学について、探求される。**第五章**では、カントとの対決がなされることで、力の美学として自己理解するような美学が、解き難い争いの舞台であることが示される。このような美学は、哲学のうちで、哲学と美的経験とのあいだの争いを展開するのである。**第六章**では、ニーチェが引き合いに出されることで、力の戯れの経験としての美的経験が、いかなる倫理的意義をもつことになるのかが示される。つまるところ美的経験は、わたしたちに、行為と生とを区別することを教えてくれる。すなわち美的経験は、生のもつ他なる善を教えてくれるのである。

第一章　感性——想像力の無規定さ

美学の歴史は否認によって始まる。それはつまり、美しいものをめぐる何かしらの理論や確かな知が存在しうることの否認によって、美学の歴史が始まるということである。美学の始まりには、美学の可能性に対するデカルトの懐疑がある。デカルトはマラン・メルセンヌに次のように綴る。

美しいものについての理由〔*la raison*〕を確立しうるかどうかというご質問についてですが、美しいという言葉がとりわけ視覚に対して関係づけられるように思われること以外は、貴方が以前お尋ねになった、なぜある音は他の音よりも心地よいのか、ということとまったく同じです。しかし一般に、美しいものも心地よいものも、対象についてのわたしたちの判断という関係以外の何物でもありません。そして、人間の判断は非常に異なっているので、美しいものも心地よいものも、一つの決定的な基準をもつとは言えません〔1〕。

美しいものには根拠がなく、理性で説明がつくところもない。だからこそ美しいものを把握することはできない、とされる。「ある人々の好み［*la fantaisie*］によれば、三種類の図形への配列は最も美しいことになるでしょうし、他の人々の好みによれば、四種類か五種類の、あるいはそれ以上の図形への配列が最も美しいことになるでしょう。しかし、より多くの人々に気に入られるものが単純に最も美しいものだと呼ばれうるのですが、これは規定しえないものなのです［*ce qui ne saurait être déterminé*］」（同上〔一二六頁〕）。美しいものとは、規定しえないものなのである。

感官の恣意

美しいものを規定しえないものと規定するデカルトの見方は、美学の理念にとって根本的である二つの特徴を示している。その一つ目は、美しいものを感官 Sinn の領域に移し入れるという特徴である。美しいものとは感性による効果であり、だからこそデカルトは、美しいものを心地よいもの（*l'agréable*）と同列に並べるのに躊躇を覚えない。根底にあるこの規定からすると、あらゆる区別は二義的な重要性しかもたなくなる。自然と芸術の相違、所与の美しいものと作られた美しいものの相違、そして受容者と制作者の相違、美しいものを把握することと制作することの相違、それらはいずれも同じように二義的だということになるのだ。デカルトにしてみれば、美しいものが変転しつつ与える印象の戯れを解説する際、自然現象に即するかそれとも色や音程の人工的な組み合わせに即するかは、根本的な相違をなす問題ではない。そしてそれゆえにまた、美しいという印象が生み出される事態をその生産という側から――すなわち作品において――考察するか、それとも再生産という側から――すなわち判断において――考察するかということも、やはり同じように、根本的な相違をなす問題ではない。美しいものを感性的なものへと還元するとは、これまで明晰に区別されてきたものを、ひとしなみに同じ領域へと引き入れることである。そうすることで、自然美と芸術美、芸術の制作者と鑑賞者は、それぞれ「感性 Sinnlichkeit」の多様な姿でしかなくなってしまう。こうして構成されているのが、その後「美学の領域」と名指されるようになる領域なのである。

美しいものを規定しえないものだとするデカルトの規定にみられる二つ目の特徴は、美しいという効果をもたらす感性のうちに、何かを再現前化する働きがあることをまったく認めない、というところに存する。つまり、美しいものの印象を感性的に生み出すという事態は、美しいものの制作においても把握においても、もはや何の客観的な内実も伴わないことになるのだ。このことをデカルトが述べるのは、美しいものの判断について論じるメルセンヌ宛の書簡においてである。曰く、美しいものがさまざまに変異するのは、判断される側である対象に拠るのではなく、判断する側である人間に拠る。美しいという効果を感性的に生み出すこと、それはさまざまな「美的」判断によって表現されるのだが、この感性的な生み出しは、この「美的」判断がやはりそこに向かっているように思われる対象の作成のされ方を、再現しはしないのだ。これは模倣なき生み出しである。そしてこのことは、鑑賞者の趣味における美しいという印象にも当てはまるし、それと同様に画家や作曲家、詩人の芸術による美しいという印象にも当てはまる。画家や作曲家、詩人といった者たちは、形式を生産しはするのだが、形式を再現前化することはしない。〔「美的」な〕趣味も、〔「美的」な〕芸術も、客観的な規定を再現前化することはできない――趣味は自らの対象の規定を再現前化することができないし、芸術は世界の規定を再現前化することはできない――のだが、それというのも、趣味も芸術も、「感性」がとる形態である以上、そもそも何かを再現前化することなどできないからである。美学にとって根本的な第一の特徴がデカルトに見出されるのは、感性という統一点を通して美的なものの領域を構成するところにおいてである。そして、こうしたことによって同時に、美的なものを再現前化への要求から解放するというところに、第二の特徴がある。しかしこれは、いったい何のための解放なのだろうか？

　感性的な表象にとって、その内容となるのはさまざまな対象やその特性である。だがデカルトに言わせれば、「描写」――さまざまな現実の対象や特性の描写――は、感性的な表象にとって外面的なものである。むしろ感性的な表象は、それらをわたしたちが知性によって「洞見」し「吟味」することでもってはじめて、現実のものの描写と成る（*Meditationen*, III. 19: 79〔六一頁〕）[5]。そうすることで、わたしたちは、さまざまな感性的な表象のうちで区別を行い、「それら〔感性的な表象〕において明晰かつ判明にわたしが知得するもの」を、「つまり、大きさと、長さと広さと深さとにおける延長と、そうした延長の限定によって発生する形状と、位置」などといったものを、判別することができるようになる。こうしてわたしたちは——感性的な表象によってではなく、合理的な検討によって——現実のものについて、それが何であるかを知ることができるのである。

だが、その他のもの、たとえば光と色、音、香り、味、熱と冷、ならびにその他の触覚的な諸性質のごときはと言えばそれらは、きわめて混然とした曖昧な仕方でしかわたしによって思惟されないのであって、わたしはかくて、それらが真であるのか、あるいは偽であるのか、言いかえるならば、それらについてわたしのもつ表象が或る事物の表象であるのか、それとも、事物でないものの表象であるのかも、識ることとさえない、というほどなのである。(同上)

そのため、感性的表象のうちわたしによる検討や解明を逃れるものすべてのもとで、感性的な表象の働きとはそもそも——あるいは自ずから——何であるのかが示されることになる。すなわち、感性的な表象とは、この表象が「発する」元である現実の諸対象の描写ではないし、自ずからこの諸対象に「類似する」ものでもありえない(III. 11: 71〔五六頁〕)。というのも、感性的表象がある対象から発し、この対象によって呼び起こされるというまさにこのことによって、つねに表象はこの対象をもはや超え出てしまっているからである。表象は、感覚器官によって受け取られた上*でさらに「共通感覚

Gemeinsinn」のところまで運ばれた[**]印象に、何かを付け加えてみせる。そしてこのことによってはじめて表象は、この印象を一つの表象とするのである。受動的に受け取られた印象からある表象を生み出す、というこの事態は、何かを思い浮かべ想像する力や空想のはたらきによってなされる。こうして生み出された数々の産物のもと、曖昧で混然としたものから明晰で判明なものを切り分け、それによってある表象から何かしらの描写をなし、認識をなそうとして始まるのが、思考による検討作業である。「認識とは、視覚の作用でもなく、触覚の作用でもなく、想像力の作用でもなく〔…〕ひとり知性による洞見なのである」（*Meditationen*, II. 12; 55〔四六頁〕）。

　ここでは、感性への信頼を留保する伝統的姿勢がラディカルに突き詰められ、感性が認識を為しうることを原理的に懐疑するところにまで至っているが、新しいのはそれだけではない。何よりも新しいのは、感性が認識を為しうることを懐疑するのと対照的に、その懐疑と同じくらい原理的に、知性が認識を為しうるものであり、現実の再現前化の働きを生み出しうるものなのだと主張するために、デカルトがもち出す根拠づけの仕方である。デカルト曰く、このように主張する根拠は、知性だけが行為する能力をもち、感性は行為する能力をもたない、ということにある。それゆえにこそ、認識論と倫理学とを組み合わせようというデカルトの綱領は、ただ知性のためにのみ、また知性によってのみ実現されうることになる。それは「わたし自身の思想を作り変え、それをまったくわたしのものである土地の上に建てる」（*Methode*, II. 3; 25〔二三頁〕）という綱領である。知性による思想は、作り変えることができる。というのも、思想を作り変えるとは、方法的に、規則立てられた段取りのもと、「明白な直観」からなされる「必然的な演繹」によって、それぞれの思想をそれぞれの思想の上に建てていくことを意味するからである。だからこそ思想は、「わたしたちの知性の行為」であるがゆえに、そしてその限りで、作り変えることができる（*Regeln*, III. 4: 17〔二〇頁〕）。わたしたちが、「自分の力で［あるいは、自分の努力で *propria industria*］」そうした自分自身の思想を生み出す（X. I: 63〔五四頁〕）能力をもち合わせ、そしてその際に自分自身を「導く」能力や「方向づける」能力をもち合わせているというそれゆえに——そしてその限りで——思想は作り変えることができるのだ（*Methode*, II. 4: 27〔二四頁〕; *Meditationen*, II. 10: 53〔四三—四四頁〕）。その際、デカルトが「建てる」ことをしようとする場所は、「まったくわたしのものである土地」である——この土地をわたしは自分自身のうちに存するものとして見出すわけではなく、わたし自身がはじめてわたし自身を自分自身の土地たらしめる。わたしがわたし自身を土地たらしめるのであり、その土地の上でこそわたしは、自らを行為者とし自らの思想を自らの行為とすることによって、〈建てる〉ということができるようになる。すなわちここで

* 「そこで、まず次のことを把握せねばならない。つまり、すべての外部の諸感官は、それらが身体の器官であるかぎりにおいては［…］本来、蠟が印鑑から形を受け取る［*recipit*］のと同様に、受動によってのみ［*per passionem*］知覚する、ということを把握せねばならない。」（*Regeln*, XII. 5: 77〔六三頁〕）

** 「第二に次のことを把握せねばならない。外部の感官が対象によって動かされているあいだ、それが受け取る形は、共通感覚と呼ばれる身体の別のある部分へ移されるということを把握せねばならない。」（XII. 7: 79〔六五頁〕）

わたしはわたし自身を、そのためのすべての歩みがわたしによって行われ、それゆえわたしによって統御されるような一種の遂行たらしめるのだ。とはいえ、わたしがこうしたことを為しうるのは、もっぱら知性の領域においてのみである。別の言い方をすると、知性こそが、わたしがこうしたことを為しうる（わたしがこうしたことを為しうる）ような領域、わたしが〈わたし〉という自我 Ich であるような領域なのである。デカルトがただ知性だけを認識を為しうるものと見なすのは、彼が認識を為しうることを行為を為しうることに還元するというところに（そしてこれによって――したがって自己意識の優位によってではなく――デカルトが主体についての近世的概念を軌道に乗せているというところに）根拠づけられている。

　対する「感性」の領野には、前進するような「方法」は存在しえない。というのもここには、自ら導き出されるようなそれ自体の前進など存在しえない――そしてそれゆえに認識なるものも存在しえない――からである。デカルトは、知性が認識を為しうることを、それが行為しうる能力をもち、それゆえ「まったくわたしの［tout *à moi*］」ものである能力をもつ、というところに根拠づけている。そしてちょうどそれと反対向きに、感性が認識を為しえないことを、感性的な出来事が〈わたし〉という自我を欠いたものであり行為ではない、ということから説明してみせる。ここから、デカルトにおける感性と知性の対照関係について、「眼によって見ることは受動的だが、精神によって見ることは能動的である」[6]という普遍的定式を述べることができる。だが厳密に言えば、ここで受動性と能動性という対比をしてしまうと、誤解を招くことになるだろう。デカルトは受動性という言葉を時おり口にするだけであるし、おまけにこの言葉は、感覚器官における出来事をとらえる際に、感性の第一段階を表現するために用いられるに過ぎないのである。そして別の側面から見ると、能動性の概念もまた、知性それ自体によって導出され統御される行為を際立たせて述べるには、あまりに無規定である。こうした二重の不十分さ——感性のために受動性の概念を用いることの不十分さと、知性のために能動性の概念を用いることの不十分さ——は、同じ一つのもの、すなわち想像力の作用のうちに、その根拠がある。想像力は、感性の領野に属するものである（というのも想像力は、自分が行うさまざまな表象の働きに再現前化という性格を授ける能力も、自分が作り出したさまざまな像に認識の地位を授ける能力もないからである）が、しかし同時に想像力は、単に受容的なものでも、何かしらの印象を写し取るだけのものでもない。*想像力は、共通感覚のように何かをどこかへ転送するということにとどまらず、何かを生産するのであり、そればかりか何かを——外から想像力へと刻み込まれたものとは「まったく他の」何かを——開始するのだ。想像力は、生み出すもの、もしくは生産的なものなのである。

したがって、能動性の概念は、詳細な定義抜きでは、知性と想像力とのあいだの区別を名指すのに不向きだということになる。知性と想像力は両方とも、何かを遂行することや生み出すことについての審級である——それらは「能動性」の領域のものなのである。かくして、認識が存在しうるべきならば知性と感性とはいかなる関係をとらねばならないのかとデカルトが問うとき、ここで述べられているのは、受動性と能動性との関係でも、受容性と自発性との関係や、受け取ることと生み出すことの関係でもない。述べられているのはむしろ、デカルトが天分 *ingenium* であると性格づけているもの（そして誤解を招く仕方で――というのも想像力はそれ自体で、すなわちそれ自体によってもそれ自体からしても、認識の力ではないからであるが――「認識力 Erkenntniskraft」と翻訳されているもの）がとる、二つの遂行の仕方同士の関係なのである。何において知性と想像力が区別されるのかが明らかになるのは、デカルトが次のように問う場合である。すなわちデカルトが、「それのみが知識を可能にする」ものである知性にとって想像力が「どんな障害になりうるか」を「自衛のために」問い、また知性にとって想像力が「何の役に立ちうるか」を「すべて用いつくすために」問う場合である（*Regeln*, VIII. 6; 53〔四九頁〕）。知性は、とりわけ身体的な事物が問題となっている場合に、補助手段として想像力を必要とする。そして身体的な事柄についての理念は、「想像力のうちにできるだけ判明に形成される」必要がある（XII. 11; 83-85〔六七頁〕）。もっとも、こういったことが生じるために、想像力は、知性の導きという自らにとって外的で異他なるもののもとにもたらされねばならない。想像力は、知性によって支配されねばならないのだ。ここで「支配 Herrschaft」という言葉は、知性によって外側からなされる想像力の制御が想像力による自己制御にとって代わる、ということを意味するわけではない。というのも、想像力による自己制御などというものは存在しないからである。想像力を制御するとはすべて、外側から制御するというあり方である。これに対して、知性を制御するとはすべて、自己制御というあり方である。まさにこのことが、想像力による生み出し方と知性による生み出し方という、二つの遂行の仕方のあいだの相違である。すなわち、想像力という遂行の仕方は、規則を欠いた恣意的なものなのである。そしてまさしくここに、方法上前進していく知性による導きのもとに、想像力が屈服させられなければならないだけでなく、屈服させられることが可能であるというその根拠がある。想像力が自分自身から生産を為すのは、規則を欠いた恣意的な仕方においてである。想像力は、自分自身による方向付けに従うことなどないのであり、それゆえ任意の仕方で調整されることが可能なものなのである。〔7〕

＊　共通感覚は、直接何かに作用を加えるメカニズムである。それは「明らかに次のことと同様である。すなわち、わたしが字を書いている今、個々の文字が紙の上に綴られるその同じ瞬間に、ペンの下部が動いているのみならず、この部分のどんなわずかな運動も同時にペンの全体においてもまた受け取られずにはすまぬ、ということをもまたわたしが理解しているということと、同様なのである」（*Regeln*, XII. 7; 79〔六五頁〕）。これに対して想像力や空想の働きは、「神経における多くの運動の原因となる」ことがありうるが、「しかしそれらの運動について自らのうちに刻印された像を有するのではなく、そのような運動を引き起こしうるまったく他のいくつかの像を有しているのだ。なぜなら、ペンの全体は、その下部と同じように動かされるのではないからであり、そればかりかその上部の範囲において、あきらかにまったく他の反対の運動によって動くように思えるからである」（XII. 9; 81〔六五―六六頁〕．強調はメンケによる）。

病理学的《パトローギッシュ》な効果

デカルトは、規則なく変転していくさまざまな感性的印象が織りなす戯れに、美しいものが規定されざるままにそれ自体を表現する場である戯れに、それが助けとなるばかりか癒すような力さえもつことを意識しつつ、冷静に目を向ける。エリザベト王女への書簡のなかで、デカルトは、偉大な者たちが抱く憂鬱に対抗し精神の健康を保つことができるよう、「緑の樹、色とりどりの花、飛ぶ鳥など、どんな注意も要しない事柄を眺めて、何も考えないよう思い浮かべている人にならうこと〔8〕」を王女に勧めている。これとちょうど正反対なのが、感性的なものがもつ恣意という要素への洞察がパスカルに及ぼした影響である。『パンセ』では、デカルトの懐疑が絶望にまで高まってしまっている。

人間のむなしさ〔*vanité*〕を十分に知りたければ、恋愛の原因と結果を考察するだけでよい。その原因は「いわく言い難いもの」〔*je ne sais quoi*〕（コルネイユ*）なのに、その結果は恐るべきものだ。この「いわく言い難いもの」、あまりに些細で目にも止まらないものが、あまねく大地を、王公を、軍隊を、全世界を動かす。

クレオパトラの鼻。もしそれがもう少し低かったら、地球の表情は一変していたことだろう。〔9〕

感性的で美しい像は、その根本においても内容においても無規定であるのだが、それでもまさしくそのようなあり方をしながら「全世界」を動かすのだとされる。美しいものという感性的な像には——デカルトが言うように——根拠がなく、理性で説明がつくところもない。このことは、感性的な像をして心を快活にする戯れたらしめるわけではなく、むしろパスカルの言う通り、感性的な像にきわめて恐るべき威力を授けるのである。

スピノザは、『エチカ』第一部（「神について」）の付録において、感性的な像がもつ根拠なきこの威力を、イデオロギーの原型ともいえる換喩による転倒プロセスの効果であると解した。「〔自然本性を転倒させてしまう〕この説は、実は原因であるものを結果と見、またその反対に〔結果であるものを原因と〕見る。[10]」さらにスピノザは次のように述べる。

善、悪、秩序、混乱、暖、寒、美、醜〔…〕賞讃と非難、罪過と功績〔…〕これら〔のような概念〕は、想像力を種々なふうに刺激する想像の様式にほかならない。けれどもそれは無知者たちからは事物の主要属性と見られている。なぜなら、すでに述べたように、彼らはすべてのものが自分

＊　「時として、いわく言い難いわたしにはわからぬものが／にわかにとりつき、心をさらい、愛することとなる。」（Pierre Corneille, *Medée*, II. 5; 77〔コルネイユ『メデ』（『世界文学全集11』講談社、一九七八年所収）第二幕第五場、三〇頁〕。メンケによる挿入）

たちのために造られていると信じ、そしてある物から刺激されるぐあいに応じてその物の本性を善あるいは悪、健全または頽廃および腐敗と言うからである。たとえば目に映る対象から神経が受ける刺激が健康に役立つなら、これを引き起こす対象は美と言われ、反対の刺激を生ずるものは醜と言われる。〔…〕これらすべては、各人が事物を脳髄の状態に従って判断し、あるいはむしろ想像力の受けた刺激を事物自体と見たことを十分に示すものである。（*Ethica — Ethik*, 153-157〔八九―九二頁〕）

こうした見方において為されているのは、判断の過ちである。それはすなわち、想像力が生み出した感性的な像が、誤って事物それ自体の特性だと受け取られてしまうという過ちである。こうしたことは、知性によって導き出されることがありえないがゆえに、判断によって為される過ちである（*Meditationen*, IV. 8; 103-105〔七五―七七頁〕）。判断によって過ちが為されるのは、ひょっとすると知性がいまだに弱々しく訓練不足であるためかもしれないし、ひょっとすると知性がまさしく「何もせずにいる」ためかもしれない（*Regeln*, X. 5; 67〔五六―五七頁〕）。だがいずれにしてもこの過ちは、想像力による印象のもとで為されるものである。このことは、想像力のもつ威力を示している。想像力は、知性の代わりに判断を定める威力を有するのである。

かくして、少なくともイデオロギー批判を目的とする分には――というのも、イデオロギー批判は、感性的判断による転倒に抗する議論によって根拠づけられるからである——いっそう複雑な想像力の概念が必要となる。想像力が規則を欠いた恣意的なものとしてそれならではの像を生み出すということは、これらの像が何の描写もなしえないものであるのはなぜであり、それゆえ想像の働きが認識の働きではありえないのはなぜであるかを、たしかに説明しはする。しかしながらこのことは、想像力による像がわたしたちに強い印象を与えることができ、わたしたちがこれらの像について知性による検討をせず——パスカルを長らく恐れさせたように——それはかくあるものなのだと単純な判断を下してしまうまでに至るのはなぜなのかを、説明しはしない。そもそもこれがどのような事態なのかをただ記述するというそれだけのためにも、まったく他の概念装置が必要である。それはつまり、「像による「印象」を造り出す威力（「強さ」）[11]」を正しく捉えることができるような概念装置である。想像力は、自らが生み出す何かへと、その何かが生み出される仕方を通して、威力や強さ、強く訴えるあり方や明証性を付与するものであるというように記述されねばならない。想像力による処理の仕方と知性による処理の仕方と、それぞれを対照するデカルトの手続きによって説明されるのは、感性的な像には十分な根拠がないということだけである。しかしながら、想像力の恣意性や規則のなさを指摘し、想像力が任意の性格をもつことを指摘するのでは、それがかくも大きな威力をもつという事態が生じるのはいかにしてかを、説明することができないのである。

感性的なものの「内的原理」

デカルトは、美しいものについて論じる際、哲学的美学の綱領にとって根本的である二つの特徴を示している。第一の特徴は、「感性的なもの」をめぐる分野として、美学の領域を構成しているところにある。これによって、それまではっきりと区別されていたものを——たとえば諸芸術についての理論（詩学）と美しいものについての理論（形而上学）とを——一つの考察のうちに集約して論じることが可能となる。第二の特徴は、感性的なものを、根拠や理性（*raison*）では説明がつかないものだとし、それゆえに還元しようのないほど規定しえないもの（*ce qui ne saurait être déterminé*）であるというそのことから記述しようとするところにある。なにしろ、感性的なもののうちには、想像力という恣意的かつ規則を欠いた能動性が働いているのである。感性的表象を生み出すこの働きの自由で無規則なあり方を、わたしたちは、自分の心を快活にするために享受することができる。もしくはこのあり方を、自らの知性によって統御し認識の補助手段として用いることもできる。とはいえ想像力がもつ能動性は、その本質からして、自分自身に導かれる「知性の行為」に対置されているのであり、対置されたあり方をとり続けるのである。

こうした二つの特徴を示すことでデカルトは、詩学や修辞学についてのさまざまな芸術論の伝統とも、また同様に形而上学的なさまざまな美の理論とも、決別することになる。デカルト的な基盤の上にその種の伝統を再建することができるとする芸術上の古典主義の理念は、不合理なのである。[12]デカルトが示す二重の特徴は、美しいものや諸芸術についての客観的規定の可能性を――それらの内実を客観的で再現化の働きをもつものとして規定する可能性を――取り返しのつかないほどに破壊してしまう。そしてこの点においてこそ、デカルトが示す二重の特徴は、哲学的美学の綱領にとって根本的なものなのである。そもそもデカルトが示すこの二重の特徴こそが、哲学的美学の綱領をはじめて可能にしている――だが哲学的美学の綱領は、デカルトの示す特徴への追随に尽きはしない。むしろ美学によって始められるのは、ここで開かれたままの問いに、そればかりか本当のところここではじめて立てられた問いに、答えようとする試みである。その問いとは、美しいものの規定しえないあり方という想像力がもつ効果が、想像力による影響の圧倒的なまでの威力と、どのようにして突き合わせて思考されうるのか、というものである。というのも、もっぱら規則を欠き恣意的でさえあるものとしてのみ想像力の能動性が理解されるのだとすれば、この事態は理解し難いままだからである。

この問いに答えようとする決定的思想に――かくして美学を始動させ働かせ続けることになる根本思想に――定式を与えるのが、ライプニッツである。[13]ここで定式化される思想とは、自覚的に自己規定する「知性の行為」だけが何かしらの「内的原理」を有するのではなく――もしくはこの「知性の行為」がはじめて「内的原理」を有することになるのでもなく――わたしたちには意識されない感性的な表象からして、すでに何らかの「内的原理」を有している、というものである。「知覚Perzeptionen」は、より正確に言うと、たいていの場合にはさしあたって意識を伴わない「知覚」なるものは、モナドそれぞれの「自然的変化」を形作るのであり、そしてこの「モナドの自然的変化」は「内的原理から来ている。外的な原因が、モナドの内部に影響を与えることはできないからである」[14]**。モナドの「自然的変化」は、いつもさらなる知覚を生み出すことのうちに存する。そして知覚というこの働きは、外的な原因に拠るのでもなければ、規則を欠いた恣意的なものとして生み出されるのでもない。むしろこの働きのうちには、知覚に固有の内在的な衝動が現実化されているのである。

一つの知覚から他の知覚への変化や推移を引き起こす内的原理の活動〔*l'action*〕を、欲求（*appetitus*）と名づけることができる。もちろん、欲求のはたらきが、その目指す知覚の全体に完全に到達できるとは限らない。しかし、いつもその知覚から何かを得て、新しい知覚〔*perceptions nouvelles*〕に到達するのである。（*Monadologie*, §15; 445〔二一〇頁〕）

ある出来事がある行いであるためには、それが何かしらの内的原理の表現であるということで十分である。人が今まさに行っていることについて知るのは、ある出来事が生じるための必然的条件ではない。だがそれでも、人が「意識していない」行い、そればかりか「気絶状態」のなかで為される行いというものが存在する（*Monadologie*, §23; 449〔二一三頁〕）。したがってライプニッツは、デカルトと対照的に、感性的な表象が魂による「内的行為」として生み出されるのに肯定的な発言をすることができる（*Monadologie*, §17; 447〔二一〇―二一一頁〕）。なにしろライプニッツは、「内的原理」というこの概念について、ラディカルに、それまでとはまったく他の仕方で思考しているからである。すなわち彼は、内的原理というこの概念を、自我がもつ知性の能力に、すなわち自己点検により自己を自分固有の基礎としそれ以後は方法的に自己を導くことができるような自我がもつ知性の能力に、限定することをしていない。むしろライプニッツは、内的原理というこの概念のもとで、構造的に意識されていない「欲求」や「力」のさまざまな働きを捉えている〔15〕。これによってライプニッツはそれまでとは他の像を構想しているのであり、この像が描写するところによれば、どのような感性的表象を生み出す働きも、古い「知覚」から新しい「知覚」への移行の運動――規則のない恣意的なものではなく、むしろある内的な衝動によって導かれるような移行の運動――なのである。

現在の表象はすべて新たな表象へと向かっている。ちょうど、その表象が表しているあらゆる運

＊　草稿においてはここで副文が補われ、「それを活動的な力〔*force active*〕と呼ぶことができる内的原理から」となる。

＊＊　草稿においてはのちに削除される §12が次のように続く。「そして一般的に、力は変化の原理にほかならない、ということができる。」

動が別の運動へと向かっているように。しかし魂は、その本性のすべてを判明に認識したり、無数の微小表象〔*petites perceptions*〕が積み重なりあるいはむしろ集中して纏められるとどのようなものができ上がるかを自覚しているということはありえない。それができるようになるためには、魂はその内に包蔵されている宇宙つまりは神のうちにある宇宙のすべてを完全に認識していなければならなくなる。[16]

こうしてライプニッツは、哲学的美学の綱領に定式を与えることになった。この綱領においては、構成的には規定されていない感性的表象を、規則を欠いた恣意的なものと理解された想像力の効果だと考えることも、それだからといって自身を導く自覚的な自我の行為の産物だと考えることも、求められていない。むしろこの種の二者択一を超えて、感性的表象を、たしかに意識されてはいないものの少なからず「内的原理」であるようなものによって導かれている運動の表現として、考えることこそが求められている。美学とは、それまでとは他の仕方でなされる、感性についての思考なのである。ここでは、感性的なものについて、それまでとは他の仕方で評価づけをすることだけが問われているわけではない——このような評価づけも、問われているものの一つであるのだとしても。美学において他の仕方での評価づけが問われるのは、他の仕方で感性的なものについて記述することが問われているからである。すなわちそこでは、どうにも解消しえない自らの無規定性を、内的に導かれているかもしくは原理に導かれている自らの能動性と突き合わせて考察することができるような、感性的なものについての思考が問われているのである。感性的なものは、ラディカルなまでに無規定である。なぜならば、感性的なものによる表象の生み出しは、知性の処理という方法で自身を統御する自覚的行為に解消されることができないからである。同時にまた、感性的に表象を生み出すというこのことは、単に因果的な作用連関に尽きもしないし、随意かつ任意の戯れだというわけでもない。それはむしろ、意識されていないとはいえ内的ではある固有の原理に応じた一種の処理の働きなのである。だからこそ感性的な表象には、パスカルが恐るべきものと見なした件の威力が付随することになる。というのもこの威力には、知性にとってアクセス可能な根拠などないからである。美学の綱領が目指すのは、自覚的な行為かそれとも因果的なメカニズムか、自身に導かれて行為しているのかそれとも恣意的な投影に過ぎないのかという、デカルト的二者択一を超えたところで、感性的なものについて思考するということである。これによって美学の綱領は、同時に、件の二者択一そのものにも向かうことになる。すなわち、件のデカルト的二者択一を超えたところで感性的なものについて思考されねばならないとすると、この二者択一の両側面についても——自己意識や自己指導、知ることや行為すること、メカニズムといった諸概念、そしてまた、規則を欠いたあり方、戯れることや想像することといった諸概念についても——他の仕方で思考されねばならないのである。

ライプニッツは、デカルトに反して、感性的な表象による想像の働きを内的な原理に拠る運動であるとして思考せよと要求する。そしてこの要求こそが、美学の綱領である。美学とは、〈感性的なものとは規定しえないものである〉というデカルトの規定を撤回することなしに、感性的なものの内的原理について思考し、またそうすることで、活動としての感性的なものについて思考しようとする試みなのである。とはいえ、このような「美的」要求のためにライプニッツが見出している定式の与え方のうちには、すでにある種の内的緊張が張り巡らされている。それは、一つの美学理論を作り上げようとするに際して、直接ライプニッツを引き継いで為されるアプローチの仕方のもと、調停できないまま今日まで続く絶え間ない論争として展開されてきているような緊張である。ライプニッツが述べるところによれば、「わたしたちの内には、意識的な知覚も反省もされていない無数の知覚が絶えず」存在している。[17]「これらの知覚は、「いわく言い難いもの」を、何かについての趣味を、形成する」としながら、ここでライプニッツは二つの側面を交互に強調する。一つ目の側面は、件の知覚を通して――デカルトによる感性論が理解することができないような仕方で――わたしたちが、方法的に意識されてはいないものの、それでも適切に自らを取り巻く事物を把握する能力をもっている、ということである。もう一つの側面は、これらの知覚が「効力」ないし威力を、つまり知性による判断よりも遥かに大きな効力や威力を、混乱したまま生み出され相互に変化し合うさまざまな像が織りなす見通せないほど無限の「連続」のうちにわたしたちを引き入れるような効力や威力を、有しているということである。一つ目の側面において、感性的活動がもつ「内的原理」は、ある種の能力である。それはつまり、規定しえないが同時に的確であるような感性的認識を生み出す能力である。そしてバウムガルテンは、このような仕方で美学の対象や美学の綱領を定義するのである。第二の側面において、感性的活動の「内的原理」は、ある種の力である。それはつまり、わたしたちを構成する無意識の表象をいっそう広く再編成する力のことである。ヘルダーは、バウムガルテンを批判しながら、このような方向で改めて美学を根拠づける。これこそが、その始まりから美学という領野を分裂させている論争である。それはつまり、感性的な表象が生み出される場である運動がもつ内的原理というものは、認知上の実践のための能力であると考えられうるか、それとも無意識の表現の力であると考えられうるか、という論争である。そしてこれは同時に、人間というものがどのように考えられうるかをめぐる論争でもある——これは、美学が発明されて以来、哲学を分裂させている論争なのである。〔18〕

第二章　実践――主体の訓練

「いわく言い難いもの *Je ne sais quoi*」――感性的なものの領域で何が生じているのかという問いに、合理主義哲学はこのように答える。感性的な仕方で表象する者は自らが表象する対象を知らず、哲学は感性的な表象の振る舞いについては――それが規則を欠いていて恣意的に振舞うということしか――知ることができない。感性的表象は根本的に未規定である。それは規定されず、哲学的規定からも逃れているのだ。他方、感性的なものの領域を探究することは、それが「内的原理」に由来する「行為」として理解されねばならないならば――もしくは、そのような「行為」として理解されねばならないとしても――可能となる。そのようなライプニッツの一歩が、いわゆる美学探究の領域を切り拓いたのである。詩についての教授資格論文[19]のなかでバウムガルテンがはじめて行った語義説明によると、「美学」とは感覚されるもの《アイステータ》*の哲学的探究のことにほかならず、したがって、それに関して哲学的に探究することは可能であるというのだ。バウムガルテンに美学の「発明者」[20]という称号を与えることになった彼の決定的な一歩は、美学の綱領を次のようなものとして理解し、実行したことにある。その綱領とはつまり、感性的なものが他のあらゆるものと同じく哲学的探究の対象であるということ——そしてそれはバウムガルテンにとっては、知性の行為とまったく同様に哲学的探究の対象であるということである。なお知性の行為を哲学的に探究するということは、規範に則って成就するために、すなわち、知性がそのために存在するところの善——つまり、世界を表象すること——に到達するために、知性がどのような道を進まねばならないのかを発見することを意味する。バウムガルテンのいう意味での美学にそなわる根本的な特徴は、感性的なものもまたこのように哲学的に探究することが可能であるということを示すところにある。

感性的な明晰性

「認識、真理、観念についての省察」という小論のなかでライプニッツは、バウムガルテンの「美学」構想の萌芽となるような思想を定式化した。その思想によると、感性的な表象作用、たとえば「色や香り、味覚」のように、感性を通じて形成された表象作用は「明晰 klar」でありうるという〔21〕。ある表象について、「曖昧 dunkel」の反対で「明晰」であるとライプニッツが言うのは、「他のものから表現された事柄を再認識できるほど十分にその表象をわたしが持っている場合」である（» Betrachtungen «

33〔二六頁〕)。すなわち、赤色というわたしの表象、あるいは或る顔についてのわたしの表象が明晰であるのは、わたしがこの表象にもとづいて対象をそれとして認識することができる場合であるということだ。だからといってそのために、色や顔についてのわたしの表象までもが「判明である deutlich」必要はない。「判明な概念」とは、「十分な徴の枚挙にほかならないような、名目的な定義をわたしたちがもっている」もののことである(35〔二七頁〕)。よって感性的な表象は、定義できないがゆえに「混然としている」が、それでも同時に「明晰」であって「曖昧」ではないということによって、規定されているのである。

色、香り、味、その他感覚の個々の対象を、たしかにわたしたちは十分明晰に認めるし、相互に識別するけれども、しかしそれは感覚の単純なる証言を根拠にしているのであって、明言され得る徴を根拠にしているのではない。それゆえ、わたしたちは赤とは何であるかを盲人に説明できないし、他のそうしたものについても説明することはできず、彼らを当の事物の現前しているところに連れて行って、それを見せたり、匂いをかがせたり、味わわせたりするか、あるいは少な

＊　「すでにギリシアの哲学者や教父たちが、つねに注意深く知覚されるもの〔アイステータ〕と知られるもの〔ノエータ〕を区別していた。〔…〕つまり、より高次の能力によって認識することができるノエータは論理学の対象で、対するアイステータはエピステーメ・アイステーティケすなわち美学の対象であるとしよう。」(Baumgarten, *Gedicht*, §CXVI)

くとも過去の類似した数々の表象を想起させるしかないのである。たしかにこれらの性質の概念は複合的であり、分解されうる。なぜなら、それらには自己原因〔*causa sua*〕があるのだから。(33-5〔二七頁〕)

赤いとは何かということについてのわたしの知は、ある定義のなかで言い表すことができない。だが同時にわたしは、わたしがこの色を「赤い」と呼ぶ根拠を述べることはできる(たとえば、わたしが他に何を「赤い」と呼ぶのかを指し示すことによって)。ところが、わたしたちが定義という形式のもとで言い表すことのできる「判明」な知の領域とは違って、それを「赤い」と呼ぶ根拠はその色にすでに精通している者にしか通じない。定義のもとでは言い表すことができない、この〈精通していること〉は、感性的な認識の根拠なのである。

だからこそライプニッツがいうように、感性的な表象は「明晰であると同時に混然としている」(*Abhandlungen*, 455)。デカルトは、いわく言い難いものを介して、感性的なものの領域を未規定でありそれゆえに〈規定しえないものである〉と規定したのだが、この〈いわく言い難いもの〉をライプニッツは二つの側面に分割している。色や顔などの感性的な所与についてわたしが抱く諸々の観念は「具体例を通してしか」知ることがないものなので、「その内的構造を解読するまではともかく、それは「いわく言い難いもの」であると言わなければ」(同上)ならない。だが同時に、色や顔などの感性的な所与についてわたしが抱く諸々の観念は、「その事柄を認識して区別するには」（同上）十分である。たとえわたしが自分の知っているものについて定義に沿うかたちで正確には知っておらずとも、それが何であるかをわたしは知っている。ライプニッツは、〈知ることができること〉と〈定義ができること〉とを区別し、それによって、感性的なものの領域を認識論的に探究が可能である対象に、つまり「美学」の対象にするのである。

こうして、バウムガルテンによる詩についての考察――「美学」という表現が導入されることでもって締め括られる考察――の冒頭でもすぐに、ライプニッツの特徴が再定式化されている（*Gedicht*, §CXVI; 本書五九頁傍注も参照）。バウムガルテンはここで、ライプニッツによる「曖昧」と「明晰」の区別を次のように再定式化している。

> 曖昧な表象作用のなかには、表象されたものを再認識したり他のものから区別したりするのに十分なほどの、徴表にかんする表象はさほど多く含まれていないが、（その定義からして）明晰な表象のなかにはこのような表象が含まれている。（*Gedicht*, §XIII）

このことによってバウムガルテンはさらに、表象の明晰性はそれが判明であるか、つまりそれが定義可能であるかどうかには依存しないと述べることができるようになる。感性的な表象も明晰でありうるのであって、その表象によって何かがそれと同一のものとして、つまり何かが何かとして（再び）認識されることができる場合には、それは実際に明晰なのである。このことを感性的な認識は――だからこそそれは「認識」と呼ばれるわけだが――知性による認識と共有している。よって、感性的な認識はバウムガルテンにとって、たしかに「判明性のもとにありつづけている諸々の観念の総体である」が、それでも同時に、感性的な認識は理性的な認識のようでもあり、「理性類似者」なのである。[22]

感性と理性の構造的類似は、感性的な認識もまた再認識として、自らを調整する継続として理解できることと関係している。だからこそわたしは、赤色や顔を再認識するときには毎回、同じ原理に従っているのだ。継続というこの原理が、赤色や顔についての表象がどこにあるのかを確定させている。よって、感性的な認識という個々の行為はいずれも、それがある原理を実現するものとして、すなわち〈普遍的なものをその都度特殊に適用すること〉として理解できるよう構造化されているのだ。たしかにバウムガルテンは折に触れて、定義について、認識「原理」の理想像、すなわち、再認識を可能にする普遍的なものの理想像であるかのように語ってもいる。ところが、認識一般は「必然的に幾分、混然としている」（*Ästhetik*, §7）という洞察をすることによって、理性的な認識と感性的な認識が違ったあり方ではあるが、同じ程度に形成するような構造が、議論の俎上にのぼる。すなわち、定義によって基礎づけられた理性的な認識と同様に、再認識としての感性的な認識にも、ある特殊な対象を他のものと同じものとして特定し、そうすることで同じ普遍的なものの一事例として特定する構造があるということだ。それゆえ、諸々の感性的な表象が、普遍的なものを産み出したり適用したりする律動的な運動に従っている限り、ライプニッツが「内的原理」と名づけたものがそれらの表象にも備わっているのである。

感性的なものについてのこうした新しい「美学的な」考察の仕方が最もはっきりとしたかたちで言い表されるのは、感性的な表象もまた規範的な区別を行うことができるとみなされる場合である。趣味論を論じていた当時のひとたちのなかで、感性的なものは、もはや外から知性によってのみ判断されるものではありえない（そして、外から知性によってのみ判断されてはならない）領域となる。感性的なものはむしろ、規範的な区分のための技能ですらある。正誤の区分は感性的なものにも内在するのである。「要するに、良い趣味と悪い趣味が在る」のであり、「完全な趣味」が対象の完全さを把握するのに対して、「欠陥のある趣味」はそれを捉えることができない。〔23〕その際、感性的な確証や判断は、自らの対象を「突発的な感覚によって」「いかなる論証もなしに」把握するのである。「感覚はわたしたちにそれが何であるのかということを、わたしたちがそれを検討しようとするよりも前に教えてくれる。〔24〕」対象の把握とは、感性的な表象にとって表面的な成果ではなく、知性による検討を通して確証・確立されるものではない。むしろそれは、感性的な表象自体が目指すものである。感性的な表象それ自体によって獲得できるこうした規範的な成果は、これまでの認識を正しく継続することにこそ、或るものを同一のものとして正しく再認識することにこそ、存するのである。美学という見方からすれば、

感性的な表象は自ずから、したがって知性による方法論上の導きや精査なくして、真理たりうるのだ。〔25〕

訓練

ライプニッツの「認識、真理、観念についての省察」は、それが感性的な表象について述べているというだけで、バウムガルテンによって展開される美学の萌芽とみなされているわけではない。ライプニッツの省察は、それがどのようにしてこうした見解に達しているのかという点においても、美学の萌芽なのである。それはつまり、ライプニッツが感性的なものを新たに規定するにあたってどのような典拠や証拠を用いたのか、ということである。ライプニッツは、〈わたしたちには感性的な認識のための根拠――ただしそれは定義ではなく具体例なのであるが――がある〉という確証と直接結びつけるかたちで、次のように記している。

同様に、画家や他の芸術家はどの作品が上手でどの作品が下手であるかを適切に［*probe*］認識するが、自分の判断の根拠を説明できないことがしばしばで、人に聞かれると、自分の気に入らないものの内には何だか分からない［*nescio quid*］が物足りないものがあると言うのをわたしたちは知っている。（» Betrachtungen «, 35〔二七頁〕）

ライプニッツにとってはここで、芸術家の実践が重要な意味をもつ。というのも、その実践においてまさに、明晰でも判明でもないが「適切である」と呼びうるような感性的な把握や判断の存在が範例的に明らかとなるからである。それはつまり、そのような解釈や判断を行うための諸々の基準が定義されることのないままに明らかとなる、ということである。ライプニッツにとっては、芸術家とその実践が、感性的なものに特有の力能を具体的に示しているのだ。そうした把握や判断の力能は決して定義的な知にはなりえないが、それでも適切な結果には達する。それゆえ、感性的なものは固有の規範性の遂行として分析されうるという、デカルトに対して根本的に新しい洞察へと（あるいは、この洞察にとって決定的な証拠へと）ライプニッツを導いたのは、端的に言えば美的な反省、芸術と芸術家の実践への反省である。芸術に目を向けることで、感性的なものの理解が全体として変化するのである。

こうした変化は、はるかに広範に及んでおり、〈美学にとって重要なのは感性的なものの「価値引き上げ」や「復権」である〉といったような広くみられる定式によって示されるよりも、その変化は根本的であると同時に両義的でもある。すでに示されたように、感性的な表象がデカルトとはちがってもっぱら「明晰」な認識の一つの型として――そのような型でもあるものとして――理解できるのは、デカルトに抗していえば、感性的な表象が活動の一形式として――活動の一形式でもあるものとして――規定される場合である。すなわち、感性的な表象を明晰な認識の一つの型として理解するということは、それを「内的原理」からの遂行として、そして（ライプニッツの語法に沿うなら――本書五〇頁を参照）活動として理解することなのである。ところが、感性的なものを一つの活動のあり方であると理解することに美学が成功するのは、それが近世哲学の中心概念、とりわけデカルトの「自我」に修正を迫る場合のみである。そして芸術経験や芸術創作、芸術鑑賞を真剣に取り扱うことによって、美学はこうした根本的でかつ大きな一歩をも踏み出したのである。

その際バウムガルテンの美学は、趣味論について論じていた当時のひとたちがすでに強調していた、ある側面を議論の中心にもち出した。デュボス師が記しているように、感性的な認識は自然本性的な素質に依拠しており、「そうした素質を頻繁に用いたり、経験したりすることによって完全化される」のである。[26]「一般的な諸原理を立てて、そこから一連の帰結を引き出す」といったような、哲学による方法上の手続きにしがみつくのではなくて、「感覚や訓練［*pratique*］を信頼」することが、デュボスにとっては人間理性の成熟や完全化の証なのである。[27] ヒュームも同じように、デュボスから直接借りてきた用語法のもと、わたしたちは「趣味の繊細さ」を「訓練［*practice*］」によってしか手に入れることができないと記している。[28] バウムガルテンが訓練について、いつもと同じように詳細な（そして徹底した）仕方でさらに論じるのは、著書『美学』の冒頭のほうですぐさま、感性的なものに対する「類比的」な再規定に則って「恵まれた美的主体」（*Ästhetik,* §27）について探究するときである。というのも、その恵まれた美的主体を発展させるためには、「I：自然生得的な美学［…］つまり、美しい思考のために魂全体が生まれつき持っている自然的性向」（§28）だけではなく、「II：修練と美的修練

［*EXERCITATIO AESTHETICA*］」（§47）も求められているからだ。

> 第二節で取り扱った自然本性は、かなり短い時間ですら同一の段階に留まることができない。それゆえ、自然本性の性向ないし持ち前は、絶えざる訓練によって育てられないと、どれほど大きくなっていようとも衰退し、鈍化してしまう。（§48）

『美学』のなかで諸々の芸術に目が向けられることで明らかになるように、訓練や習慣、そして頻繁に用いることは、感性的な遂行を完全化するための方法、いや唯一の方法なのである。よって、訓練や習慣、頻繁に用いることは、合理主義的に作り変えようという企図が定式化される際の手段とはまたちがう、美的な代替手段なのである。前者の手段においては、理性や理性内部の方法上の展開によって、外から感性的なものが導かれる。〔対する美的な手段において〕正しい訓練とは、感性的なものにたいして「抑圧ではなく、管理」（§12）するための正しいあり方なのである。つまりそれは、感性的なものそれ自体を通して、美的に陶冶された感性的なものを通してなされるのである。

ところが、芸術的な訓練に目を向けることによって美学が得たのは、感性的遂行を完全化させる唯一適切な仕方——そしてそれゆえに合理主義的に喧伝された操縦プログラムは「抑圧」であって、不当でかつ非効率であるということ——に関する洞察だけではない。感性的な遂行は訓練や習慣、そして頻繁に用いることでしか完成させられないということはむしろ、合理的なものとは区別される特殊な仕方についての洞察をもたらす。そうした仕方においては、感性的なものが「内的原理」による遂行として、そしてそれゆえに「活動」として捉えられなければならない。わたしが訓練することができるのは、わたし自身ができることのみである。それこそが訓練の目指すところなのである。つまり訓練は、それを自身でできるということを目指しているのだ。そしてもっぱら、意のままにできないものをわたしは訓練せねばならないのである。こうして意のままにできないもののせいで、訓練が必要になる。要するに、なにかをしたいと思うだけでは、できるようになるには不十分なのである（さらにそれを上手くすることとなれば、なおさらである）。以上からわかるように、諸芸術に対する美的な視点によって得られた、訓練の意義に関する洞察には同時に、その際に訓練されるものの構成——すなわち、感性的な把握や判定の遂行的な性格についての洞察も含まれているのである。感性的な把握はわたしの活動であり、単なる受動的な印象でも恣意的な効果でもないものの、この活動をわたしはある「方法 Methode」に従うようにして実行するのでもない。ある「方法」にわたしが従うことができるのは、ある活動が——デカルトにおいては、知性の活動が——その活動の遂行に先立って、それゆえその活動の遂行とは独立して与えられているその活動についての知を適用することとして——すなわち、ある理論の適用として——理解できる場合である。言い換えると、デカルトにとってそれは、「わたし自身の思想を作り変え、それをまったくわたしのものである土地の上に建てる」ことなのだという。[29]〔ところが〕訓練するということが示しているのは、感性的な把握はある種の活動ではあるが、デカルトが言うような活動ではないということである。つまりそうした活動は、活動する者がその活動に先立って有してもいる理論を適用することであるとは理解されえない。感性的な把握が訓練されうるということは、わたしが感性的な把握のなかで活動しているということを示している。感性的な把握が訓練されねばならないということが示しているのは、その把握のなかでわたしがどのように活動しているのかということなのである。〔つまりその活動は〕ある内的原理の遂行においてなされており、その内的原理は遂行に先行してそれを方向づけてはいるものの、遂行に取って代わられるわけではなく、またある理論のなかで定式化できるわけでもないのである。

魂は主体である

わたしがやはりある方法に従ったり理論を適用したりするようなあり方をしていない場合に、わたしは感性的な遂行をするなかでどのように活動しているのかと問われれば、わたしはそのなかでは「或る特定の主体」なのである、と答えるだろう。バウムガルテンが『形而上学』の「下位認識能力」という章においてそのように応答しており、そこで彼は「美学」という概念規定についても再び取り上げている。こうしてバウムガルテンは「カントよりこの方よく知られた意味での「主観的なもの」

という概念を哲学的な用語のなかに」導入することで[30]、感性的なものを美学的に探究しようという綱領から、哲学的「心理学」のための帰結を引き出そうとする。

容易 Leicht とは、何かを実現するために小さな力〔*vires*〕が必要である場合であり、何かを実現するためにより大きな力が要求される場合は、困難 schwer である。それゆえ、或る特定の主体〔*CERTO SUBIECTO*〕にとって容易であるとは、何かを実現するために、その人がもつ力のうちのほんの一部しか必要でない場合である。また或る特定の主体にとって困難であるとは、何かを実現するために、その実体〔つまり、ここでは「主体」〕がもつ力のうちの大部分が要求される場合である。（*Metaphysik*, §527〔六一（六四）頁〕）

ボエティウスがアリストテレスの用語を翻訳したときから含意されている、伝統に沿った文法的意味での「主体」が属性や述語の担い手のことであるならば[31]、バウムガルテンにおいて「主体」は――その大小を問わず――「力」をもっていて、その力が――容易か困難かを問わず――「実現」することで何かを為す能力をもつような「実体」のことである。力をもつことが、或るものを何者かに、〔つまり〕「主体」にする。まさにこの意味で、感性的な遂行もまた主体の活動なのである。というのも、わたしたちはこうした遂行を、主体のもつ諸力がそうした遂行によって実現するというように理解せねばならないからだ。ただしそのことを、心理学的な因果性であると誤解してはならない。主体がもつ力とは、それによって活動を出来事として説明できるような、主体のうちに隠された特殊な原因のことではない。主体にそなわる「力」についての説明がむしろ活動の「内的原理」を解き明かすのであって、感性的な表象のためにはまさにこのことについて考えるようライプニッツは求めたのである。バウムガルテンの主体概念がこうした「内的原理」の諸力の審級としていかに理解されるのかということは、訓練という美的現象によって、最も明晰なかたちで再び示されることになる。

訓練とは、技能や技法の習得を目指すものである。訓練によって、わたしたちは力能 Können を手にすることができる。訓練とは、何かを今後行使することができるように覚え込むことである。その際に、訓練によって獲得される力能は二重のものである。つまりそれは、何かを遂行できるということと、自身を導くことができるということだ。そして、わたしたちが訓練によって獲得する実践的な力能は、一つのもののうちにその両方を含むものなのである。何かをできるということはまず第一に、その都度の成功の基準に則った活動様式をうまくやり遂げられるということである。よって、何かをできるということはつねに、なんらかの善をなすこと、ある活動様式の善を実現することができるということである。第二に、ある活動を遂行できるということはすべて、自分自身を導くことができるということだ。つまり、自らの身体や精神の運動をある活動様式の善に合わせること、その活動様式の尺度に応じてそこからの逸脱を修正することなのである。バウムガルテンがそうしたのと同様に、主体概念を訓練という実践から導き出すのならば、そこには主体についての根本的な規定があることになる。つまり主体性とは、自らの位置や意味、尺度を何かを実行するなかで担う、自己を導くという実践的な自己関係のことだ。主体であることと、（先に名指された二重の意味で）何かをできるということは同一のことなのである。それについてはまた、〈主体性とは権能であると、つまり、行為の権能をもつこと、もしくは行為を為しうること〉とまとめることができる。主体であるとは、二重の意味で権能をもっているということ、つまり自らの運動を適切に遂行する能力をもつがゆえに活動様式の善を実現できるということなのである。

美学の主体概念にとってこのことが意味しているのは、美学によって主体が本質的に実践的なものとして理解されるということである。主体にとって根本的なのは、それが何かを為すことができるということであり、能力や権能をもっているということである。つまり、「わたしの魂は力なのである」（*Metaphysik*, §505〔六六［五九］頁〕）。主体とは、美的に理解すれば、何かをできる者のことである。何かを為すことができるがゆえに、またその限りで、主体はその何かを知ったり、意志したりもする。第一義的な自己関係とは、知るという関係ではなく、活動的な遂行のなかで自身を導く自己関係のことである。そして主体性とは、諸力からの von 自己関係であると同時に、諸力への zu 自己関係でもあるのだ。「知よりも前に、力能（あるいは権能）が在る」ということこそ、主体概念にとって訓練がもつ意味から引き出すことのできる第一の洞察である。それと関連するのが、〈力能は知だけでなく意志に対しても優先する〉ということに対する第二の洞察である。その洞察とは、わたしは自分のできることしか――それを遂行するための権能や能力をもつようなこと、そしてそのために、もしくはその際に、自身を導く権能や能力をもつようなことしか――意志できないということである。（「行為」とは自らの意図によって生じる運動ではなく、むしろそのなかで自らの諸力が実現される運動である。）力能や権能は知に先行するだけでなく、自由にも先行するのだ。

よって、バウムガルテンが「技能（*facultas*）」や「技法（*habitus*）」と並んで力能を言い表すために用いる「力（*vis*）」という表現には、概念的に一義的な規定が含まれている。すなわち、「力」や「技能」、「技法」はバウムガルテンの場合、主体の能力 *Vermögen* のことを言い表しているのだ。その際、能力をもっているとは、何かを為す能力があるということであり、何かを遂行できること、何かを実現できることなのである。そのことが根本的に意味しているのは、能力はそれが何をもたらすことができるのかということによって規定されているということである。そこには、能力というものの本質的に目的論的な構造がある。つまりそれは、財や善なるものと関係しているのだ。能力とその行使のあいだの関係は（回転する球を動かす力が、この球からそれが偶然ぶつかったものすべてへと伝わるように）外的かつ偶然的であるのではなく、内的かつ有意味である。ある能力を行使するということは、その能力が向けられている善を実現するということだ。善が実現されなければ、能力もまた行使されなかったことになる――あるいは、誤りや欠点がある仕方でしか行使されなかったことになる。何かの能力があるということは、何らかの作用をもっているというのではなく、このように規定された善なるものを実現することができるということである。つまり、何かの能力があるということは、何かを成功にもたらすことができるということなのだ。

能力は（因果的に）その作用によって規定されるのではなく、（目的論的に）その財によって規定されるということもまた、能力が本質的に普遍的であることを示している。つまり、わたしたちのできること *was* が活動の様式 *weise* なのである。たしかに、主体が特殊な状況下で遂行するのは個別の行為である。ところが、もしわたしたちがその行為を、主体の能力の行使であると理解するならば、わたしたちはそれを特殊なものとしてではなく、普遍的な行為様式の一例として記述するだろう。主体が為すことができるのはつねにもっぱら、そしてつねにすでに、何か普遍的なものなのである。すなわち、わたしは普遍的であるが、そもそも特定の様式で活動することができる——あるいは、まったく活動することができない。だが、まったくもって同じ理由で、主体が為すことができるのは、つねにすでに何か特殊なものなのである。もしわたしが普遍的であるが、そもそも特定の仕方で活動する能力があるのであれば、それはつまり、わたしがこの普遍的な活動様式を、今ここで、その都度特殊な場合とその都度特殊な仕方でもって実現する能力があるということである。「力」〔という概念〕がバウムガルテンのように、そして彼に則って、主体の能力であると理解されなければならないのならば、力が自ずから実現することは、ある普遍的な活動様式のその都度特殊な実現のうちに存することになる。そして、もしある普遍的な活動様式のことを「実践」であると呼べるのならば、主体の能力は実践を実現すること——そして実践に参与することにあるだろう。

主体や感性的なものという美学的概念は、ここから、次のように定義することができる。

（1）主体。能力として理解された力が実現されるということが、普遍的な活動様式のその都度特殊な実現であるのならば、そのように能力として理解された力は、主体の内的なものかつ主体固有のものになった普遍的な活動様式であるということになる。美的な主体概念は主体を、実践とは対立する審級としても、ましてや実践の手前にある審級としても、定義しない。主体が美学によって、能力として理解された自らの力によって規定されることで、主体はむしろ実践の遂行のための審級として——つまり、ある普遍的な活動様式のその都度特殊な遂行のための審級として定義される。実践が主体の「所有物 Eigentum」であるというのは、外的な関係という意味で言われているわけではない。むしろ、それが無ければ主体が何ものでもなく失われてしまうほどに、実践は主体に「本来的に備わっているもの das Eigentümliche」であるがゆえに、そう言われるのである。よって美的な主体は、普遍的な活動様式や実践という外的なものとは反対の「内的なもの」であるのでもない。バウムガルテンのいう美的な主体とはむしろ、その能力において、普遍的な活動方式を実現するための審級であるがゆえに、現実 Wirklichkeit なのである。主体であるということは、実践を実現する verwirklichen ことができるというところに存する。逆に言うと、実践が存在するのはもっぱら、主体がそれを実現できるからである。つまり、実践が存在するのは、その都度特殊な実現において、その都度特殊な主体によってである。美学が訓練〔という概念〕に注目することで展開し、さらに能力という概念によって特徴づけた、主体概念の重要なところは、主体と実践の、ないしは実践と主体のあいだの相互的な規定にあるのだ。[32]

（2）感性的なもの。感性的な遂行が活動であるのは、その「内的原理」が主体の能力のうちに存するからであるとしよう。そして、能力として理解された力を実現することがすべて、つねに、普遍的な活動様式のその都度の特殊な実現であるとしよう。そうだとすると、感性的なものもまた、個々の感性的な遂行においてその都度の特殊な状況下で実現される、そうした普遍的な活動様式として理解できなければならないだろう。まさにこうした観点によって、感性的なものに関する美的な探究の諸要素が――（a）感性的なものの明断性、（b）訓練の意味、（c）主体の概念のそれぞれが――その根拠づけと連関を手に入れるのだ。すなわち、（a）感性的な表象が明断なのは、それが再認の行為であって、それゆえに把握という感性的実践の継続である場合である。（b）感性的な把握が訓練されうる、それどころか、感性的な把握が訓練されねばならないのは、訓練とは実践によって実行するための能力を獲得するための仕方であるからだ。（c）感性的な遂行が主体的な遂行であるのは、その内的原理が、能力として理解された主体にそなわる諸力のことだからである。

個人と規律

美学の根本概念である主体は、哲学的美学の成立と意義をめぐる――美学を形成したことがその本質的標識である近代《モデルネ》をいかに理解するべきかということをめぐる――議論の中心にある。ハイデッガーが、〔33〕一九三六年から一九四五年にかけて行ったニーチェに関する講義と覚書のなかで主張したテーゼによると、美的近代とは合理主義的なデカルト的近代のことにほかならないという。すなわち美学とは――ハイデッガーがニーチェの哲学から帰結するその完成形から読み取ろうとするところによれば――デカルトによって根拠づけられた「近世形而上学」に対する代替手段でも批判でもなく、その応用と補完なのである。〔ハイデッガーによると〕デカルトの合理主義にはじまって、一八世紀のさまざまな美学を経て、ニーチェの意志概念にいたるまで、同じ形而上学的な「根本態度 Grundstellung」による支配が広がっている（*Nietzsche*, II: 189〔四八〇頁〕）。このことを証明してくれるのが、美学の主体概念であるという。つまり、近世形而上学において「あらゆる存在と真理の確実さは個々の自我の自己意識に根拠づけられている――われ思う、ゆえにわれ在り」といわれるように、「芸術美についての思慮が〔…〕いまやもっぱら強調された形で人間の感情状態、すなわち感覚《アイステーシス》との関係のなかに」入ってくるのだ（*Nietzsche*, I: 99〔一一九―一二〇頁〕）。美学においては、「「客体」としての〔…〕芸術作品が「主体」にあてがわれている。それを考察する上で重要なのは、主体‐客体の関係である」(93〔一一三頁〕)。よって、美学が自らが探究する感性的な行為のために主張するのは、合理主義哲学が「知性の行為」にあてて述べた次のようなことと同じである。「人間の自己は本質的にその根底にあるものである。その自己は下に‐置かれたものなのである」(*Nietzsche*, II: 155〔四一〇頁〕)。哲学的美学が近代において成立したこととそのことがもつ意義に関する論争が、自らの論じるべき対象をようやく捉えたのは、美的主体を形而上学的な根拠とみなしたり、デカルト的自我の単なる反復とみなしたりする、こうした短絡的な解釈が棄却されるようになってからのことである。すなわち、美的主体が感性的な遂行の原理であるのは、それが社会的実践の契機や審級、そして社会実践を代表するものであるからにほかならない。

ハイデッガーの後に、ハイデッガーを超えたところで巻き起こった美学に関する論争においては二つの解釈が――両者が表裏一体となって――新しい美的な主体概念をめぐるものとして、相互に対立している。ドイツでの議論に特有の影響を与えている解釈として範例的なのは、ヨアヒム・リッターによる定式である。彼曰く、美的主体とは、近代的で即物化した社会によって訓育された合理的な主体に反対する「対抗力 Gegenspiel」のことである。[34] 近代的な主体は、経済的・科学的・技術的・行政的・法的な社会制度においては即物的かつ非人格的なすがたで現れるのに対して、人間は自然を範例とした「美的な現前化」によって自己を実現する。その際に人間は、「感覚する」存在として、生き生きとし有意味なものである世界に出会うのである。美的なものとして主体が形成する「機関 Organe」は、「人間の豊かさを生き生きとしたまま現前させる。社会はそうした機関無しには、人間に現実性も表現もあたえることができない」（» Landschaft «, 163〔二一六頁〕）。ここでリッターが――左右問わず文化の革命を支持する者たちに対抗して――強調しているのは、合理的な即物化と美的な活性化が、まさに反転し合うあり方をするために互いに切り離すことができないということである。

> シラーは美的な芸術のことを、精神によって社会という基礎の上に形成される機関であると捉えている。そうした機関が形成されるのは、社会が世界を不可避的に即物化するなかで自己の外に対象として措定しなければならないものを、人間の手に返却したり人間のために取り戻したりするためにである。人間の現世での生の一部である天地の自然は、風景というかたちで、美的な仕方で自由の内容となる。社会と、対象化され従属化された自然に対する社会の支配は、そうした自由の存在を前提にするのだ。（» Landschaft «, 162〔二一四―二一五頁〕）

美的主体は「個々人の人格的なあり方」の一部であり、「社会的なあり方から分離しつつ解放されている」〔35〕――ただしそれは、近代社会のなかだけのことではあるが。美的なものは、諸々の社会的なものからの社会的な分化における一側面なのである。

リッターは、美的主体が、即物的かつ合理的な主体とは構造的に異なることを強調する。美的主体と合理的主体は、自らの対象との関わり方という点において異なっている。リッターは、この美的な関係のことを〈意味全体における対象の生き生きとした現前化〉と記述することで、バウムガルテンによって展開された美的なものに関する規定を取り上げている。というのも、感性的なものを定義できない(「混然としている」)明晰な認識として規定することが、もっぱら美学の出発点であったからである。美的な訓練という主題を扱うにあたって重要なのは、感性的なものの混然とした明晰性を、対象を「個体化された」あり方の「豊かさ」でもって(*Ästhetik*, §440)――「美的な真理」において(*Ästhetik*, §423)――捉えられるように完成させることだ。まさに、感性的なものは明晰であると同時に混然としてもいるので、対象を「個体」として捉えるという、理性にはできないことが可能なのだ。こうした美的な把握によって獲得される質のことを、バウムガルテンは生動性 Lebhaftigkeit や〈生あるあり方〉(*vividitas*)と呼んだ。

〈生動的である〉とわたしたちが呼ぶのは、同時的あるいは継起的に、諸々の構成部分が捉えられる場合である。(*Gedicht*, §CXII)

したがって、まず次のような思惟のことを生動的であると呼びうることは、わたしには正当であるように思われる。その思惟においては、ある特有の多様性と、いわば互いに押し合う諸徴表の予期せぬ急速な迅速さが認められ、耳目を引くような仕方でそれらの徴表がほとばしることで、あの思考の輝き、光輝がその部分においては発出するが、その全体はあくまで捉えやすく、絶対的に明晰でなければならないのである。(*Ästhetik*, §619)

美的に生動的な表象とは多様でかつ次々と変わりゆくものであり、その多様さや相互交替は類似の法則によって規定されている――そしてそのことによって感性的な明晰性へと至る。[36] 美的主体の側でこれに対応するのは、その諸能力の「一致」(*Ästhetik*, §47) であり、この一致を、美的主体(恵まれた美的主体 *felix aestheticus*) は美的訓練によって獲得してきた。こうしたバウムガルテンの見解をリッターによる解釈の視点から理解する必要があるならば――美的主体が、普遍概念の外側に存在するかその

＊ 「人間的な学科、学の対象、ただし普遍的なそれがこのように成立すると、完全であり、しばしば美しくもあり、狭義でも論理的である真理が、堅個な学識をもつ人々の精神に生まれてくる。しかし、それに包摂されている個体に匹敵する形而上学的真理が、かかる普遍にもあるのかどうか疑問である。わたしとしては、論理的認識、真理に含まれている重要な形式的完全性を贖うには、その論理的認識、真理における、多くの大きな質料的完全性の損失を伴わざるをえなかったことは、哲学者たちにとっては極めて明らかでありうると思う。なぜなら、抽象は損失でないなら何であろうか? 円さという、より大きな価値が要求するのと同等の質料の損失を少なくとも伴わないかぎり、不規則な形の大理石から大理石の球を作ることができないのと同じことである。」(*Ästhetik*, §560)

内側に存在する感性的な個体性によって、対象を把握することができるのは、もっぱら、美的主体が自らの内で、それぞれ個体的でかつ、いかなる普遍法則によって予め与えられることもない、活発な連関を諸々の印象のあいだに確立するというそれゆえにのみである。美的主体は、その都度特殊な対象を自らの内から生み出す、自由で生き生きとした個体なのだ。

美的主体は合理主義の自我とは根本的に異なる新しいものである――ハイデッガーに対するこうした異議は、ミシェル・フーコーによる〔リッターとは〕真逆の美学解釈にとっても出発点である。フーコーはこうした解釈を、美学や美学の書き手に言及することなく間接的に展開している。つまり彼はそれを、『監視と処罰』〔邦題『監獄の誕生』〕のなかで、主権的権力の世紀の後、啓蒙の世紀に形成された新しい権力の型を記述することで展開しているのだ[37]。というのも、フーコーはこうした規律権力の新しい型を、同時期に成立した哲学的美学の概念を用いて徹底的に記述しているからである。規律権力がその出発点とし、また規律権力によって生み出される身体は、もはや機械的身体ではない。「その像に規律権力の完成を夢見た者たちは長らく感動した。この新たな対象とは、自然な身体なのである。それは諸力の担い手であり、持続の座である。」（*Überwachen*, 199〔一七八頁〕）個人は次のようなものとしてつくり上げられる。

記述可能で分析可能な客体としてつくり上げられる。だからといってもそれは、生物に関して博物学者が行うような、個人を「種別的特性」へと還元するためにではなく、むしろ、たえざる知の視線のもと、個人をその個別的な特性のままに、その特定の進化のなかで、それ独自の適正ないし能力において保持するためである。（245〔二一九頁〕）

フーコーが規律権力下の身体を特徴づける際に用いる中心的な概念は、自然的ないし有機的な個人、力や技能、力学、進展と訓練（201-209〔一八〇―一八六頁〕）といったもの――すなわち〔当時〕形成されつつあった美学の諸概念なのである。要するに、美学という学問領域《ディスツィプリーン》は規律《ディスツィプリーン》についての美学であるのだ。

したがって、美学という新たな哲学的学問領域は――フーコーがカッシーラーに反論するように[38]――それ自体からは、つまり「哲学と反省」からは、理解できないものでもある。美的主体の形而上学に関係するものを教えてくれるのは、規律権力の微視的物理学だけである。そこで明らかになるのは、美的主体が規律訓練の「対象であると同時に効果」でもあるということだ。規律権力は生きた身体を、その技能を形成するように、そして「行動を極限の状態に合わせる」ように、統御するのである。また、規律権力が身体を統御するのは、それを訓練することによってである。「訓練とはすなわち、反復されたり内容が異なったりもするが、つねに段階的である課題を人びとが身体に強制するさいの技術なのである」（207f.〔一八五頁〕）。バウムガルテンがいうように、美的訓練とは「同種類の活動のかなり頻繁な反復であり、その目的は〔…〕天性や心性の一致が、〔…〕与えられた主題を踏まえながらもたらされること」（*Ästhetik*, §47）なのである。能力と表象のあいだの「生き生きとした」一致は、バウムガルテンも兵士の教練（§49）と比較するところの馴致の結果なのであって、その結果とは規律のパラダイムのことである（*Überwachen*, 232〔二〇八頁〕）。ここで明らかになるのは、訓練が成功するかどうかが、それが訓練者の進展度に応じて正しく調整されているかにかなりのところかかっているということだ。訓練のなかでひとが経験するのは、「所与の人間の力が所与の美しいという認識にとって十分かどうか、またそれがどの程度か」である（*Ästhetik*, §61）。訓練は人間についての知を生産する。つまり、規律権力の構成要素である多彩な訓練、監視や試験、制裁などといった「これらの細事から」、諸々の人間科学（237〔二一二頁〕）が追求するところの「近代的ヒューマニズムにおける人間が生まれてきた」のだ（*Überwachen*, 181〔一六四頁〕）。訓練によって明らかになるのは、主体化とは規律化であり、規律化とは主体化であるということである。

規律訓練の手続きのなかで露わになるのは、客体とみなされた人びとが主体化されるように従属させられることと、主体として従属させられた人びとが客体化されるように対象化されることである。（238〔二一三頁〕）

規律権力の新しさは、それが服従している者を「主体」にしてしまうような服従であるところにある。フーコーとともに読まれるべきは、主体の新たな美的理論において表現されるのは、この新たなタイプの社会権力である、ということである。要するに、訓練され行使されるべき力の審級としての主体に関する美学の教えは、〔合理的主体に対する〕「対抗力」（リッター）なのではなく、社会的規律化というイデオロギーであると同時にその道具でもあるのだ。〔39〕

＊

主体が行為の「内的原理」でありうるのは、主体が社会的実践の一契機でありその参加者であるときだけである、という洞察によって、美的主体の概念は合理主義的な自我概念と矛盾することになる。ただしそれはかえって、社会的実践の善は主体による遂行のうちにしか存在しないことを意味している。実践の善は、主体から独立して「客観的」に存在するわけではない。美学とは啓蒙である。つまりそれは、実践の善は力能のうちに、すなわち主体の能力のうちに自らの現実性をもっている——あるいはまったくもっていない——ということについての啓蒙である。また、美学が啓蒙であるのは、その主体概念が善から超越的な現実性を奪うからである。美学とは、善の主体化としての啓蒙なのである。

美学の解釈をめぐる論争とは、啓蒙の解釈をめぐる論争なのである。こうした論争はまさに、啓蒙が合理主義的でなくなるような傾向を問題にしている。そうした傾向において美学は、身体と精神の、感性と理性の合理主義的な二元論を捨て去って、主体概念をはじめから次のように理解する。感性および理性の両方が主体の行為である、と。というのも、それらはいずれも内的原理からなされる遂行であり、つまりは主体の能力の行使による遂行であるからだ。美学の解釈をめぐる論争が主題にするのは、美学による感性的なものの主体化、かくして美学による主体的なものの感性化を、どのように理解するべきかという問いである。

リッターの解釈によると、美学において明らかになるのは、主体化という啓蒙のプロセスがある根本的な分裂に屈しているということである。それは、〈社会制度という即物的かつ合理的な主体〉と〈自己や世界との美的連関という人格的かつ感覚的な主体〉とのあいだの分裂である。啓蒙の主体化には、その即物化に対する内的な反対運動が、つまり活性化する個体化という潜在的なものの陶冶が含まれているというのだ。——他方フーコーの解釈によると、美学によって明らかになるのは、主体化という啓蒙的プロセスが全体化への傾向に屈しているということだ。ここでいう全体化とはつまり、合理主義の思考が精神の領域に残しておいた、まさにその主体化というプロセスのもとに感性的なものを従属させるということである。啓蒙的主体化は、感性的なものを含みこむことによってまさに、自らが規範的な規律化のための綱領であることを証明するのだ。——こうした二つの解釈のあいだで、美学が近代において成立したこととその意義についての論争は、行ったり来たりと揺れ動いているのである。

ところがやはり、美的主体化のことを個体化と捉えようが規律化と捉えようが、あるいは、美学のことを感性的なものの「免除」（マルクヴァルト）、それどころか「解放」（マルクーゼ）として理解しようが、「植民地化」（イーグルトン）として理解しようが――いずれの読み方においても前提にされているのは、美的思考が主体の思考であるということである。それはすなわち、美学は啓蒙に汲み尽くされるということだ。リッターが描くような、対象の個体的真理をさまざまに揺れ動く表象において把握する生き生きとした個人であろうと、フーコーが描くような、自身にそなわる諸力を訓練することによって生産ないし再生産される規律的な参与者であろうとも――いずれの場合も同じ意味で「主体」なのである。そのいずれの魂も、社会的実践というその都度特殊な実現のための能力が備わる場所である。リッターとフーコーは、こうした一つの美的主体概念がもつ二つの側面を互いに排除するような仕方でしか強調していない。それはつまり、主体の能力は一度どこかで獲得されて個人的に用いることが可能になるものであるという側面と、主体の能力ははじめに一度は規律化しつつ生み出されざるをえないという側面である。ところが、美学に関する思考には、個体化と規律化ともに考えあわせることができるのはいかにしてか、という問い以上に、いっそう深い挑戦が含まれている。こうした挑戦は、美学によって最初に展開された主体概念と関係している。バウムガルテン自身が美学のこうした挑戦を名指したのは――そう名指したのであって、挑戦を引き受けたわけではないが――、感性的なもののもとには混然さという解消しようのない部分が含まれているということから、次のように推論をしたときである。彼が推論するには、いかなる感性的なものにも何か「曖昧なもの」が作用しているというのである。「混然となにかを考えている〔…〕人は、何か曖昧なものを思い浮かべる。」（*Metaphysik*, §510〔六五［六〇］頁〕）魂には「曖昧さ（暗闇）の領域」が存在するが（§514〔同上〕）、それを明るくすることはできない。というのも、そうした領域は――逆説的にも――それが曖昧であるという点で、明晰性が存在するための前提だからである。

魂には曖昧な表象が存在する。その総体が魂の根底［*FINDUS ANIMAE*］と呼ばれている。（§511〔同上〕）

それでは、魂の根底が「曖昧である」という美学のこうした洞察は、魂が「主体」であるという美学の確信にとって、どのような帰結を含んでいなければならないのだろうか？

第三章　戯れ——力の作用

マイアー以降、バウムガルテンは美学の「発明者」として称賛されている。というのもバウムガルテンは、「活動」としての意識されざる感性的なものを、「内的原理」によって思考するというライプニッツの構想を、包括的な理論へと発展させたからである。バウムガルテンのおかげで、「感性的な認識」という新たな概念は、対話術やレトリック、詩学といった伝統的に引き継がれてきた諸要素を体系的に再定式化するための出発点となった。「美学とは［…］感性的な認識の学」であり、それ自体で「自由な技術の理論、下位認識論、美しく思惟する技術、理性類似者の技術」なのである。* 統一的な理論がこのように展開できるようになったのは、伝統的なアリストテレスの用語法をなおも再利用しつつ作られたライプニッツの綱領に対して、バウムガルテンが新たな決定的解釈を施したからであ

＊　「美学（自由な技術の理論、下位認識論、美しく思惟する技術、理性類似者の技術）は、感性的認識の学である。」（*Ästhetik*, §1）

る。そこでバウムガルテンは、ライプニッツのいう感性的な活動の「内的原理」とは「主体の能力」であると説明したのである。バウムガルテンが美学の称賛すべき「発明者」になることができたのは、感性的なものを主体の実践として理解することによって、感性的なものの認識への要求を保証することができたからである。

他方ヘルダーはというと、それと同じ理由をもちだすことで、バウムガルテンの美学を袋小路と見なした。このことは、バウムガルテンの「記念」のためのほんの概要を素描した草稿のなかに記されている。「本書全体が〔…〕著者の誤りをもとに編まれており、その踏み外し方といったら彼の教えが作りあげたもの全体と結びついている。[40]」〔ヘルダーによると〕バウムガルテンは、美学一般の発明者ではなくて、「バウムガルテン流の美学」の発明者なのである（»Baumgarten«, 692）。「ギリシア流の美学」（693）こそがいっそう善いものであるだろう。というのもこのギリシア流の美学こそがはじめて、「その名前が言わんとするもの〔…〕美学、すなわち感触 Gefühl についての教え」であろうからだ（〈感触についての教えであるはずの美学は〉「はるかに広大」であるが、それと同時に「簡潔でもあり、まったくもって〔バウムガルテンのものとは〕異なる」ものである［665］）。バウムガルテンは、感触ではなく、認識としての感性的なものにおいて議論を始めてしまったせいで、美学を――正しく理解されるべきであったかたちの美学を――発明したというよりも、隠蔽し捏造してしまったのだ。ヘルダーのバウムガルテン批判が要求するのは（694）、美学をもう一度始めること、すなわち、主体の能力では――いまだ――

ない感性的活動の「内的原理」についての思考として美学をもう一度始めることなのである。そしてそれは、力 Kraft についての思考として美学を始めることである。「それこそが美学であろう！」

美的系譜学

ヘルダーの批判によると、バウムガルテンの『美学』は、最初の段落ですぐさま、二重の混乱を示していているという。その混乱とは結局のところ、根本的な取り違えなのである。第一の混乱をヘルダーは、「理論」と「芸術」のあいだの、あるいは、「哲学的探究」と手引きないし「技能」のあいだの不明瞭な関係のなかに見て取っている(659)。バウムガルテンの美学はその両方であるというのだが、しかしそれら二つのあいだの関係は一体どのようになっているのだろうか？　第二の混乱をヘルダーは、美学ないし「感性的認識」の対象に関する規定のなかに見て取っている。

> 思考が人間における第一のものでないのと同様に、美しい認識は美学の始まりではない。人間や動物はまずはじめに感覚する。自らを曖昧なものとして。というのもそれは、自らを活発な仕方で感覚することであるからだ。そして快や痛みは自らのうちでは曖昧に感覚される。というのも快や痛みは自らの外でこそ明晰に感覚されるからだ。そしてそこでようやく、人間は認識をする

のである。美の主観的な秩序を探究することも、これと同様である。ところが、誤った哲学的根源にある瘤は、〈魂の本質は認識能力である〉というこの考えなのだ。それに従うと、美における第一のものが思想であらねばならなくなる。こうした命題は、公に披露されると、間違いとなるだろう。下を見よ vide infra。そうしてわたしは、美についての探究を思想の美から始めてしまう。ところがそれは二重に誤っている。なぜならば、はじめに美と出会い、最後のもの〔である思想〕が締め括るべきだからである。(670)

バウムガルテン美学の根本的な誤りは、第一のもの〔美〕と最後のもの〔思想〕を、前のものと後から来るものを、取り違えているところにある。彼の探究はあまりにも遅い段階で始まっている。彼の探究はある一定の次元のもとで、つまり操作の一定の階層や能力の一定の種類から始まるのだが、そうしたものは後になってようやく出てくるのであって、「第一のもの」ではない。こうしてバウムガルテンの美学は、そのような操作や能力を「根源」や「根拠」だと誤解しているのである――それに対して、操作や能力といったものが唯一正しく理解されるのは、それらにおいては隠されている別の根拠によって後にもたらされた帰結だと捉えられたときである。

バウムガルテンのいう「感性的認識」に当てはまるのは、ヘルダーが他の箇所で「趣味」について述べていることである。「よってそれは、根源力、魂がもつ普遍的な根源力のことではない。それは、美という対象物に対してわたしたちの判断を慣習に則って適用することである。これからその発生の系譜 Genesis を追っていこう。[41]」美学という綱領は、「その名前が言わんとするもの」を実行するのならば、判断や認識に関するあらゆる方式の「発生の系譜」への洞察を得ることに存する。そしてそれには、バウムガルテンによってはじめのところに置かれた――「魂という最も隠された根拠」から現れ出た――感性的ないし混然とした判断や認識の仕方も依然として含まれている。〔判断や認識〕それ自体からではなく、ここからはじめて、それらに先行する根拠を基にすることではじめて、定義のように判明 definitorisch-deutlich であれ、感性的で混然としている sinnlich-verworren のであれ、判断や認識する仕方は明晰に認識されうるのである。「魂という最も隠された根拠のなかに、より馴染んだ動機を駆り立てる最も力強い動機があるので、そのあいだのものから出発して、両端にいたろうとするのは無駄な仕事であろう。よって、ここを掘り起こすのが、美学者なのである。」(» Baumgarten «, 671) ヘルダーは新たに美学を考古学として、より正確には系譜学として由来や成り立ちを探索することとして、構想しているのである。

「バウムガルテン流の美学」に対してヘルダーが提起した普遍的な方法上の異議によると、バウムガルテン流の美学は「わたしたちの世界の賢人たち」が犯してきた古き過ちを継続してしまっているのだという。その過ちとは、すでに生成したものから出発してしまい、それが生成されているあり方やその生成自体から出発しないというものである。人が何を為し、何ができるのかということを知るためには、人がどのようにしてこのように成ったのかを探らなければならない。こうした系譜学への方法論的展開を、ヘルダーは、以前すでに自らが「哲学を人間学に回収すること」と言い表した綱領から帰結するものとしても理解している[42]。人間の自己認識とは、〈主体であること〉に関する認識ではない。人間の自己認識とは、〈人間が主体と成ること〉に関する認識なのである。人間による人間学的な自己反省——「おお人間よ！　汝、自身を知れ」——は、哲学（や文化）がもつ現実離れした自己像を掘り崩してくれる。哲学は、人間を主体形成の舞台や過程として探究せずに、すでに生成した主体から始めるのだが、その開始点はあまりにも遅い。

ところが、こうした系譜学的な自己反省の理念によって、どうして美学という綱領が基礎づけられるのだろうか？　そして、どうして人間学は美学としてしか遂行することができないのだろうか？こうした問いに対する答えは、「ギリシア流の美学」を「感触についての教え」とみなすヘルダーの規定のなかにある。主体の背後に向かい人間へと回帰することは、「始まり」へと回帰することであると同時に、「根拠」への回帰でもあるべきなのだ。「このことは最も必要な人間学の一部である。というのも、魂の根底には人間としてのわたしたちの強度があるからだ。」（665）主体形成の根拠や始まりのことを、ヘルダーは「自然本性」とも呼んでいる。そして、ここでいう人間の「自然本性」のおかげで人間は主体へと「発展する」のであって、その自然本性は美的なもの、すなわち「美的な自然本性」なのである（*Wäldchen*, 275）。こうした自然本性が美的であるのは、——いまだ——明晰ではなく、定義のように判明なわけでも、感性的で混然としているわけでもなく、むしろ、「曖昧」であり、認識ではなく「感触」*、実践ではなく「魂の曖昧なメカニズム」であるからだ。「美的である」とは、ヘルダーにおいては「曖昧である」ということであり、美学は「その名前が言わんとするもの」を行うのならば、曖昧なものについての探究なのである〔43〕。主体の人間学的系譜学という綱領は、美学としてしか遂行されえない。というのも、美学とは曖昧なものについての教えであり、曖昧なものからはじめて明晰なものが——何よりも感性的認識という明晰なものも——明晰に認識されうるからである。

人間学を美学として、あるいは、美学を人間学として新たに始めるための核心的な論拠は、次のようなヘルダーの確証である。つまり、魂の曖昧なメカニズムは「魂のなかにある永遠の基盤」なので、「始まり」すなわち主体形成のための前提であるだけでなく、その「根拠」なのである、という確証である（*Wäldchen*, 274）。主体とその能力は形成される必要があるものだというのは、すでにバウムガルテンの洞察でもあった。彼はその洞察を訓練という概念で定式化していた。また、主体とその能力を訓練によって形成するためには前提が存在しないわけではないということも、バウムガルテンがすでに洞察していたことである。彼はそれを定式化するために、『美学』のなかに、訓練について述べた節の前に、ある一節を置いている。それは、「自然的生得的美学（ピュシス、生まれつき与えられた原型や根

＊「認識からかく離れよ。感触は特殊な類を形成する。」（» Baumgarten «, 671）

本要素）、すなわち、美しく思惟することのために魂全体が生まれつきもっている自然的性向」（*Ästhetik*, §28）についての一節である。よって、主体の能力にとっての前提である自然本性は、バウムガルテンの場合、主体の能力のための自然な性向としてしか現われない——それゆえ自然本性として現れることは決してないのだ。このことから、バウムガルテン美学を乗り越えるヘルダーの一歩を別のかたちで定式化すると、次のようになる。

自然的美学は人為的美学とは（そして論理学とも）、単に度合いが異なるのではなく、本質的に異なっている。というのも、前者がつねに慣習 habitus であるのに対して、後者は科学 scientia であるからだ。すなわち、前者は感覚や曖昧な概念において作用するのに対して、後者は命題や判明な概念において教示し、納得させるのである。こうして人為的美学は自然的美学から生まれるのである。よってこのことは、人間から——〔人間に〕特有で重要な自然の現象として——説明されねばならない。すべての人間に美的性向があるのは、彼らがみな、感性的な動物として生まれてくるからである。（» Baumgarten «, 660）

したがって、人間の「美的な自然本性」について、始まりや前提としてだけでなく、魂の根拠として話題にすることには、ヘルダーにおいて二通りの意味があるといえる。まず第一にそれは、美的な自然本性と主体の能力の違いを程度ではなく本質的なものとして考えることを意味している。このことを言い表すためにヘルダーにおいては、人間の美的な自然本性が動物的な始原、そればかりか植物的な始原の概念で記述されている。* そして第二には、美的な自然本性を、美的な自然本性が発展した先にある主体性とのその本質的区別というまさにその場所に、主体性の根拠ないし土台として、つなぎとめておくことを意味している。これがヘルダーのいう美的系譜学がもつ二つの側面である。こうした美学的系譜学は、人間の自然本性を訓練形成された主体性という型へと目的論的に秩序づけることとも、また自然的かつ美的なメカニズムと主体的かつ認知的な実践が単に外面的に層を形成していることに過ぎないこととも、そのどちらとも矛盾する。美的系譜学や系譜学的美学とは、主体の能力について、その能力が自らの由来である曖昧なメカニズム自体をその他者として自らのうちに抱えているというように、思考することなのである。

だが、はたしてこの「魂の曖昧なメカニズム」は、どこに存しているものなのだろうか？

＊　「ここでわたしたちはあいだを取って、原初の時代へと立ち返ろう。そこで人間はこの世界の現象となり、思考と感覚をもつ植物に過ぎなかった状態から、動物になり始めた世界へと徐々に進みつつあった。いまだ人間は、植物が感じ取れる程の曖昧な自我の観念としてしか、感覚をもち合わせていないようだ。にもかかわらず、その自我の観念には宇宙全体の概念が含まれている。そこから人間のすべての観念が展開している。目に見える自然のなかでも芽が樹木を自らのうちに孕み、どんな葉も全体の像であるのと同様に、あらゆる感覚はこの植物の感情から芽生えている。」（*Wäldchen*, 274）

魂の曖昧なメカニズム――それは魂の根拠として、訓練によって形成されるいかなる主体の能力にも先行する――を理解するための前提となるのは、力の概念にかんするヘルダーの新しい捉え方である。ヘルダーは力の概念を、『人間の魂の認識と感覚について――注釈と夢想』――それはその副題にもかかわらず、この事柄についての体系的な論考なのだが――のなかで、バウムガルテンを主体とその能力の概念へと導いた、まさに「モナドの詩」におけるライプニッツの綱領的テーゼを説明するために導入している。そのテーゼとは、「運動は〔…〕ある内的状態の現われとして説明することができる」というものである。[44] ここでいう「内的状態」こそが力である。そこですぐさまヘルダーは、力〔という概念〕に関して、あるいは「威力 Macht」に関しても、そこにはありふれた因果論的な説明の意味は無いと付言している。「これによってわたしは何かを説明するのだと言っているのではない。わたしはいまだ、力とは何であるのかということや、力とは一つの存在者のなかに生じるのか、二つの存在者のなかに働くのかということを、説明してくれる哲学を知らなかった。」（*Erkennen*, 337f.）力の概念はむしろ、「空間」や「時間」を伴ったある一定の次元のうちにある。つまりそれは、哲学が行うことを、つまり「所見を述べ、相互に整理し、注釈を加える」などといったことを行う際に哲学が

「今までずっと前提にしてきた」（338）直観の形式（何かしら直観された対象ではない）のことを表している。よって力の概念は、出来事や対象物のような何ものかではなく、「関係」を表しているのだ。[45]

ここでいう関係の構造とは、「一方が他方の内へと作用すること」なのであって（*Erkennen*, 338）、それゆえ一方が他方の上へと外的に作用することではない。むしろ他方は、それによって一方が他方へと変貌するか絶えず形成されるような仕方で、一方を通して働きかけられ、産出されるものである（「[…]あらゆる存在者を絶えず形成し、若返らせ、洗練させるという大いなる秘密」[330]）。それゆえに、他方は一方にとっての他方である。すなわち、他方が一方のなかにすでに備え付けられたがゆえにそこに向かって継続するような、一方にとっての他方である。「力」とは、一方も他方も、一方が他方のうちに作用し、一方が他方へと移行し、一方から他方が生まれることにのみ在ることを意味している。それゆえまた「力」は次のことも表している。つまり、一方と他方が互いに絡まり合うことで、他方が別のかたちを取った一方であるということなのである。ヘルダーが「表現 Ausdruck」について話題にするとき——実際、頻繁に話題にするのだが——それは一方と他方のあいだの連関のことを指している。「表現」は、内的なものと外的なものの関係ではなく、一方と他方のあいだの作用連関のことなのである。

この他方こそ、表現である。それはつまり、一方という力であるものの表現であるということだ。ところが力は、その表現が他方であるようなものでありながら、その表現がすでに一方でもあったような力である。よって、一方が力か表現かのいずれかというよりも、力でありかつ表現でもあるのだ。すなわち、一方のものは力の表現であると同時に、その表現が他方であるような力である。力は表現のなかにしか存在しないが、とはいえ単にその都度の力の表現なのではなく、その都度の表現の手前に在って、それゆえにあらゆる表現を超えてもいるのだ。[46]

魂の曖昧なメカニズム

力というヘルダーの用語は、彼の著作のいたるところで用いられている。[47] たとえば、『第一批判論叢』に収められた「レッシング氏のラオコーンに捧ぐ」のなかでヘルダーは、この概念を用いることで、行為に関してレッシングが対象物や諸部分の相互連続という不十分な定義しか与えていないことに修正を加えようとする。「継起的なものという概念は、行為の概念のためには半端な観念でしかない。それは、力を通じた継起的なものでなければならない。そうすることで、行為が生じる。[48]」ただし、ヘルダーにとって行為の概念は、力を通じた継起をあらわすほんの一事例でしかなく、その範例ではない。行為は、それ自体からではなく、曖昧なものという根拠においてのみ理解できるような、明晰なものの領域にある。この曖昧なものの領域においても、「力」や「表現」という一般的な形式が通用する。ところが、曖昧なものの領域において、「力を通じた継起」は意識を欠いた継起である。つまり、意識されざる力を通じた、意識されざる継起であるのだ。曖昧なものは「感触」として「認識」とは別の「類」を形成するというヘルダーの主張（本書九五頁傍注を参照）は、ある決定的な核心を浮き彫りにしている。それは、曖昧なものは意識されないがゆえに、認識ではありえないという核心である。曖昧なものが認識ではありえないのは、曖昧なものが意識されざるものとしてあって、どんな規範的な区別――認識の領野において仮象と真理のあいだになされるような区別――の能力も有さないからである。魂の曖昧なメカニズムを形成する、力を通じた継起は、絶えざる形成の規範である内的原理と意識的に連関することなしに、そうした原理から絶えず形成することなのである。

ところが、魂という意識されざる力が捉えられないのはいかにしてなのかということを――ヘルダーとともにヘルダーに抗しつつ――明らかにすることではじめて、主体の能力と意識されざる曖昧な力とのあいだにある、先に示唆された「類」的な差異が、きわめて明確な姿で現れてくるだろう。意識されざる曖昧な力が主体の能力でないのは、それが自ずから意識されるものではなく、したがって規範的ではないからである。しかしこのことは、意識されざる曖昧な力が機械論的であることや、生物学的であることのどちらも意味していない。なぜなら、曖昧な力は法則も目的も知らないからである。このことは、ヘルダーとともに明らかにすることができるが、それをするのは彼に抗しながらでなければならない。というのも、『人間の魂の認識と感覚について』のなかで彼が提示するモデルやメタファーは、機械論的な方向と生物学的な方向のどちらも指し示しているのだが、とはいえこのどちらの方向も、人間の魂の曖昧なメカニズムを把握するためには同じ程度に役に立たないことも明らかにされているからだ。これら二つの方向はいずれも、貫徹されえないのである。

（1）人間の魂の曖昧なメカニズムは、機械論的ではない。――ヘルダーは、『人間の魂の認識と感覚について』のなかでも、しばしば「機械論的」な作用連関について論じている。しかし彼は、人間の魂の起源を唯物論的に説明する試みを「奇妙なまでに機械論的な夢想」（*Erkennen*, 336）であるとも呼んでおり、はじめにある曖昧な感覚のことを「機械論的ないし超機械論的な戯れ」（334）であると記している。「機械論的である」とは、ヘルダーの場合にはしばしば、人間の魂の意識されざる力を踏まえつつ、ライプニッツが「能動的な力」の自ら活動する作用機構であると記したものを指している。ここでいう能動的な力は、「自ずから活動のなかに置かれ、何の助けも必要とせず、妨害を取り除くことだけを必要とする」[49]。しかし、「機械論的である」とは、ヘルダーの場合、人間の魂の意識されざる力を踏まえているので、これらの諸力や作用が機械論的に説明されうるということをまったく意味してはいない。機械論的な説明は、普遍的法則に則って、出来事を諸力の作用として記述する。その際に用いられる機械論的な意味での力の概念による説明では、ある物体が別の物体に対して及ぼす作用は、同様にまた別の物体の力が最初の物体に及ぼしていた作用によるものであり、さらに……等と続いてしまう。機械論的に理解された力は、「反作用の力、ある物体が他の物体から及ぼされた力によって状態変化がもたらされたときにだけ行使される力」のことである。機械論的に理解された力は、物体間に生じる作用と反作用の法則に従っている（そしてそのおかげで、その大きさが測定できる）〔50〕。よって、もし機械論的な意味での力が、ある所与の物体が別の物体の上に及ぼす作用の原因であるのならば、ヘルダーの力という表現概念は、さまざまな形態を生み出す内的原理のことであることになる。表現的な意味での力は、別の形態からある形態を生み出すプロセスを記述しているのである――それはさまざまな形態の相互への「他化 Veranderung」であって、互いによる諸物体の変化ではない。機械論的な説明は、別々の物体間にある、それらにとって外的な相互作用を普遍的な法則に則って明らかにするために、力の概念を導入する。「不格好な機械機構や、ぎこちない圧迫と衝突」（*Erkennen*, 352）ということしたモデルをヘルダーが「魂の曖昧なメカニズム」を言い表すために採用しないのは、それだと「魂の曖昧なメカニズム」というプロセスの本性を捉え損なってしまうからである。魂の感覚とは「表現」であり、表に現わすこと Expressionen である。というのも、魂の感覚のなかではつねに新たに、そしてつねに別の仕方で、諸々の形態を生み出すさまざまな力が働いているからだ。魂のプロセスは内的な原理を持っており、外的な法則には従わないのである。

（2）人間の魂の曖昧なメカニズムは生物学的ではない。――ヘルダーが『人間の魂の認識と感覚について』のなかで機械論批判を定式化しているところでは、たいていの場合、生の概念が用いられている。魂が「不格好な機械論」になんら耳を傾けないということは、「あらゆる経験からわかるように、すべてのものが刺激と生に満ちている」ということを意味しているのだ（352）。ヘルダーは、諸境域の内的で「精神的」な連関を表すために「生」について論じている。

拡大と収縮の機械論的ないし超機械論的な戯れは、その原因が——「刺激や生」が——その内部や外部から前提にされないのであれば、ほとんど何も言っていないようなものである。或るものは感覚する部分と相似していて、他の部分はそれに反しているように、創造主が精神的紐帯を結び合わせているに違いなく、その紐帯はどんな機械装置にも依存していない。(334f.)

ところが、感覚する者と感覚された対象との内的かつ「精神的」な結びつきという理念に、生の概念は限定されているわけではない。植物や動物といった生あるものについて、ヘルダーはさらに次のように記している。

あの植物を、有機繊維の美しき構造を見よ！　植物は自らを活性化させてくれる露を飲むために、なんと葉の向きを変えたり反転させたりすることか！［…］限りなく繊細でうまく組み合わされた動物の身体に目を通してみれば、そこでもまた、あらゆる繊維や筋力、そして刺激を感受できる部分が、それぞれの仕方で生命の液を求めるという、同一の仕事や力のなかにあることが、見て取れるのではないだろうか？(335)

植物や動物を引き合いに出すこの箇所において、「生」は単に「超機械論的」であるか「精神的」で内的な連関であるだけでなく、より正確には目的連関を指し示している。つまり、植物や動物といった生き物の諸力によって、諸々の器官は、そのためにそれらが存在する「仕事」へと調整されているのだ。生の概念をこうして内容的に詳しく規定することは、その用法における方法上の断絶に対応している。まずさしあたりヘルダーは、「生」については「人間との類比」によってしか語ることができないとしている（330）。彼によると、わたしたちが自然へと「自らの感覚をもって［…］生を吹き込もう」とする限りでしか、生は自然のなかには存在しないという（329）[51]。したがって、ヘルダーの場合、「生」はもともと心理学的な概念であるのだが、とはいえそのうえで、意図に反したかたちで、生物学的な用法もみられるのである。ここで生の概念は、自らの位置を――心理学的で類比的な用法から生物学的で客観的な用法へと――変化させているとともに、特にその内容も変化させている。「生」は、生物学的に理解すれば、有機体の内在的で目的論的な連関を意味しており、生命あるものは、生物学的に理解すれば、目的論的に有機化されたものであることになる。* だがそうすると、こうした生物学的な生の概念から、ヘルダーが人間の魂の「超機械的」プロセスを特徴づけるために出発点とした心理学的な生の概念へ帰る途は、もはやない。つまり人間の魂は、その曖昧な根拠や感覚の「生」のなかにはあっても、有機体ではないということだ。このことは、人間の魂の曖昧で意識されざる力がなんら生物学的な意味での力ではないことを意味している。たしかに、魂の意識されざる力と有機体の生物学的な意味での力はいずれも、自己変化や自己運動の内的原理であるという点で、機械論的な意味での力とは区別される。ところが、生物学的な意味での力は、有機体という生の形式全体のなかで惑る目的を志向していることに存する。またそれは、こうした生の形式を、生物学的な意味で普遍的であるものを、その都度の特殊な場合や事例のなかで再生産するための力なのである。それに対して、人間の魂の意識されざる曖昧な力はというと、「発生」や「滋養」でも、そして「再生産」にも、そのいずれにも仕えない。つまり、ある形式に関係するわけでも、なんらかの目的を果たすわけでもないのである。

以上のことから、三つの否定が「魂の曖昧なメカニズム」を規定しているといえる。（1）魂の曖昧な力は主体的ではなく、どんな規範的な内容ももっていない。（2）魂の曖昧な力は機械論的ではなく、どんな外的な法則にも従わない。（3）魂の曖昧なメカニズムは生物学的ではなく、どんな有機的な目的も実現しない。こうした三重の否定によって、魂の曖昧な力は自らの規定を手に入れる。これこそ、デカルトによる無規定性の主張を概念へと展開したものである。魂の曖昧な力は、主体が実践を行う際に用いる能力とは同じではない――それゆえやはり、機械論的な物体の世界を支配するよう作用する（機械論的な意味での）諸力でも、有機体の生命ある自然を規定する再生産のための（生物学的な意味での）諸力でもない。曖昧な力という概念を特徴づけている、三重の否定がもつ積極的な内容は、次のような主張のうちに存する。すなわちその主張によれば、人間の魂の曖昧な力は、主体的でも、機械論的でも、生物学的でもなく、むしろ美的なのである。

ヘルダーは哲学的人間学を、人間がいまだ主体ではなかった頃の時代や諸力へと系譜学的に立ち返ることとして構想している。人間のこうした諸力のことを彼が「曖昧である」と呼んでいるのは、それらが訓練によって形成された、意識的で実践的な主体の能力とは対極にあるからだ。その点で人間の諸力は、機械論的な力にも生物学的な力にも似ている。だからこそヘルダーは、機械学と生物学からメタファーやモデルについて負うところがある。しかし、魂の「曖昧な力」はヘルダーにおいても、機械学や生物学のカテゴリーではない。というのも、魂の曖昧な力を通して、機械論的な法則は作用せず、生物学的な目的も実現されないからである。魂の曖昧な力は法則や目的を欠いている――それは美学の一カテゴリーなのである。よって、系譜学的人間学は美的人間学でもあって、主体の背後へ

＊　「人間からウジ虫にいたるまで、そしてヒマラヤスギからカビにいたるまで、あらゆる被造物には、特別生まれつきもち合わせて、生涯にわたって活動し続ける衝動がある。その衝動は、はじめに被造物ならではの特定の形態を取り、それを維持し、そしてそれが破壊されようとも、可能な限りふたたび復元しようとする。衝動、（あるいは、お望みならば傾向とか努力ともいえよう）［…］それはあらゆる発生や滋養、再生産の第一原因の一つであるかのようにみえよう。この衝動にわたしはここで、あらゆる誤解をあらかじめ退けて他の自然諸力から区別するために、形成衝動（Nisus formativus）という名前を与えよう。」(Blumenbach, » Über den Bildungstrieb «［本書注51を参照］, S. 249f.)

と遡行するのだが、人間の向こう側に——機械論的な物体の世界に、あるいは、生命ある有機体の世界に——ではなく、人間そのものに向かう。「曖昧な力」は、人間を構成するような、主体以前にある力、いやそれどころか反主体的な力なのである。ヘルダーの場合、そしてヘルダー以降、それは美的なものについての根本的な規定である。つまり、「美的である」とは、主体的ではないが、それでもやはり——あるいはむしろそのようなあり方において——人間に固有である諸力や表現の仕方のことなのである。

普遍性なき統一

曖昧な力を美的な力と特徴づける三重の否定をふまえると、曖昧で美的な力はどんな実践的な規範にも従属しないが、それゆえにやはり、機械論的な法則や生物学的な目的にも従属しないこととなる。規範・法則・目的は、普遍的なものに備わる三重の根本形式である。よって、曖昧な力という美学的な概念がそこから距離を取る、三つの力の概念に共通する特徴は、それぞれが固有の仕方で普遍的なものとの関係によって力を定義しているという点なのである。そればかりか、力（ないし能力）は、特殊なものにおける——特殊な主体、特殊な物体、特殊な有機体といったそれぞれにおける——普遍的なものとの連関である、ということになる。特殊なものは、それがもつ力を通じて、普遍的なものの審級、普遍的なものを現実化する審級だとされるのだ。ある主体にとって、能力をもつということは、ある実践を構成するための規範を現実化できることを意味している。また、ある物体にとって、機械論的な意味での力をもつということは、別の物体によって計測可能な相互作用の法則に従属していることを意味している。また、ある有機体にとって、生物学的な意味での力をもつということは、その生の形式を定めるような目的を求めることを意味している。能力や力を特徴づけているのは、三つの内のどの事例においても、特殊なもののなかで普遍的なものが現前するということである。普遍的なものは、特殊なもののなかで力としてそこに存在するのだ。

これに対して、美学的な意味での力は、その三重の否定によって、普遍的な内容——規範、法則、もしくは目的——を欠いた力として定義される。しかし、もし美的な意味での力を通じて特殊なもののなかで普遍的なものが実現されないのだとしたら、その力は何を為し、どのように作用するというのだろうか?

人間の魂の美的な力は——すでに引用したヘルダーの規定によると——「拡大と収縮の戯れ」として作用する（*Erkennen*, 334）。美的な力の戯れは——これもヘルダーによるが——そのなかでわたしたちが「何かを感受し、加工し、そして増殖させる」プロセス（339）、またそれを通じて魂が「あらゆるものを感受し、それを魂へと変貌させる」ことができるプロセスのことだ（351）。たとえそのときに生み出されるものが「像だけでなく、音や言葉、記号、感情によって成り立っている」としても、

「[わたしたちは]この合流の深みをたいていは想像Einbildungと呼んでいる」(349)。美的な力とは想像力のことであり、「想像」とはヘルダーによると統一の形成を意味している。すなわち、わたしたちは「どのような刺激や感受、感覚、感官においても[…]自然が「多様なものを一つにしているということ」」がわかる(354)。想像力が統一を形成するということは、伝統的な仕方で理解すると、想像力によって生み出されたさまざまな像Bildがそれぞれ別々に与えられた諸要素(「感性の諸印象」)の結合であるという意味になる。ところがその場合、こうした諸印象は、それらを想像するのに先立って、人間の魂のうちにすでに存在していなければならないことになる。それを理由に、ヘルダーはこうした配置を次のように反転させる。つまり、美的な力の作用である「想像」は、像に先行するさまざまな印象の結合によって像を生み出すのではない。むしろ、美的な力の作用である「想像」は、別の像と像を結合することによって像を生み出すことなのである。想像は、こうした諸々の像の統一を生み出すことによって、像を生み出すのである。

しかしここで、わたしたちは次のように続ける。思考や感官へのさまざまな感官による寄与がどれだけばらばらであろうとも、わたしたちの内面の人間において全ては合流し、一つになる、と。[…]こうした万物から、いまや魂は自らその衣と感性的な宇宙を織り編むのだ。(340f.)

ヘルダーは想像を「絶えず形成すること」（330）だと理解することで、こうした思想をいっそう根本的なかたちで表現した。想像という行為や像を産出するという行為がいずれも統一の形成であるのは、それが別の像をつくり変えたり、絶えず形成したりするからである。像は、さまざまな印象によってではなく、さまざまな像から創造されるのである。想像のこうしたメタモルフォーゼ的なプロセスが、美的な力を理解するための鍵になる。——ある像を生み出すことはある力の作用であり、それゆえに、いずれの像も力の表現なのである。こうして、もしあらゆる想像が絶えず形成するか、つくり変えることであるなら、新たな像を想像するとは、これまでの産出の継続だということになり、どんな力の作用も継続的な作用であるということだ。想像という美的な力の作用は、こうした力の表現として像を生み出し、そうしてさらに継続的に作用することのうちに存している。こうして継続的に作用することで、第一の像は、またも同じ力の表現である第二の像へと移行し、そしてまた……と続く。美的な力の作用はいずれも、その作用の反復であり、もう一度作用するということである。美的な力が作用するのは、それが再び作用し、継続的に作用することによってであり——それが自らを反復することによってである。つまり、その力が表現を——自らが生み出した表現を——また別の表現にとって代えることによってである。以上のような理由で、あらゆる想像は統一の形成なのである。というのも、その次にまた作用するのは、それと同じ力であるからだ。

美的な力のこうした自己反復のプロセスがどんな普遍性にも——どんな法則、目的、規範にも——

規制されないということは、次の二つの特徴において明らかになる。すなわち、(1)美的な力の表現はそれぞれ互いに一致しないということ、(2)美的な力の表現は同時に美的な力の位置を変えてしまうということ、これら二つにおいてなのである。

(1)美的な力の作用はいずれも、その作用の反復である。美的な力が作用するのは、表現を生み出し、それからさらなる表現を――そしてまたさらなる表現を――生み出すことによってである。美的な力が自らを反復する力であるのなら、また反復するというのが美的な力が為しうることであるのなら、この力には内的な終わり〔目的 Ende〕がないことになる。美的な力はどんな表現のもとにも立ち止まらず、その表現のいずれをも超えていく。それは表現を生み出したり、超えたりするための力なのである。したがって、想像の美的な力は、自らを反復することによって、自らの表現のいずれをも乗り超えて、別の表現でそれを置き換える。つまり、美的な力の表現は、互いに押し退け合い、それればかりか相克し合うものなのである。機械論的な意味での力、生物学的な意味での力、実践的な意味での力、これらに共通しているのは、その作用がいずれも同一の――法則や目的、規範といった――普遍的なものの特殊な現実化であるということだ。よって、機械論的な意味での力、生物学的な意味での力、実践的な意味での力は、いずれの作用も同じ程度の妥当性をもつのである。これら三つの力は併存しながら同一の普遍的な内容を例示し、そして互いに調和しあっている。それに対して、美的な力の表現は、その表現同士が一致しうるような点を何ももたない。それは普遍的な内実を欠いている。また同一の力が作用することで、像は別の像によって置き換えられる。美的な力の作用においては、生成することは過ぎ去ることを意味しているのだ。

（2）美的な意味での力とは、諸々の表現を不断に生み出したり解消したりすることであり、ある表現から別の表現へと不断に変転することである。よって、個々のどの契機においても、美的な力の作用は、自身が生み出したものを乗り超えることに存している。美的な力が新たな表現を創造するのは、それまでに生み出したものから身をひくことによってである。機械論的、生物学的、実践的な意味での諸力は、作用することによって、ある普遍的なものの特殊事例を生み出すことになる。出来事は機械論的法則によって決定されており、運動は生物学的な目的を現実化しており、行為は実践による善に達している。機械論的、生物学的、実践的な意味での力の作用は、その都度、自らのうちで完結している。それに対して、美的な力はというと、自らの生み出した表現に背き、そこから別の表現へと超え出ていく。よって、美的な力と同じくらい、美的な表現も反発的なのである。つまり、力が表現にとって同時に源泉にして余剰でもあり、そして根拠にして深淵でもあるのなら、力の表現はそれを隠すことであり、美的な力の表現とは「〈かのように〉の表現 Ausdruck als ob」なのである。機械論的、生物学的、実践的な力の作用において現実化するのは、普遍的なもの——法則、目的、規範——である。美的な力の作用において現実化するものは——何も無い。美的な力の作用は、単なる戯れに過ぎない[52]。それは表現と隠蔽との戯れであり、それらが織りなす「見世物の劇 Schauspiel」（ヘルダー）なのである。

＊

ヘルダーは、折に触れて示唆したり、意図せずしてイメージにおいて示したりと、ただ暗示するだけではあったが、普遍的な内容をもたない美的な力という思想に――『人間の魂の認識と感覚について』という論文が、機械論や生物学、実践から自らを切り離すという否定的な仕方でそのまわりをめぐっていた思想に――定式を与えていた。こうしたアプローチの仕方に合致するのは、ヘルダーが〈普遍的な内容をもたない美的な力〉という思想を別の領域において、つまり美的なものの領域ではなく歴史的なものの領域において拒否したときにこそ、彼のこうした思想が最も明白に表現されたということである。

これまでにここ数世紀の進歩を紐解こうと企てた者であれば、たいてい、その途上で次のようなお好みの理念を抱くだろう。個々の人間がさらなる徳と幸福へと歩んでいるはずであるという理念を。〔…〕また別の者は、こうした夢想のいとわしさを分かっていながらも、より良いものを何も知らない――こういう者は、悪徳や徳は天候のように移り変わり、〔人間の〕完成性も春の茂りのように生成しては消えていくものであり、そして人間の慣習や性向も運命の葉のように飛んではひっくり返るものだと思っている。なんの計画もない！　なんの進歩もない！　永遠の変転が——織っては引き裂かれるばかりだ！　ペネローペの作業のように！〔53〕＊

「上位の力の傷つきし者」

バウムガルテンは、『美学』の§5から§12において、「わたしたちの学に対して」なされうる一連の反論について議論している。そのなかの四番目の反論は、「感性的なもの、想像、作り話、情緒などは、哲学者にはふさわしくなく、その地平よりも低いところに位置しているのではないか」というものである（*Ästhetik*, §6）。これは、感性的なものの理論に対するデカルトの反論をまとめたものとは見なしえない。というのも、デカルトは、感性的なものは哲学的探究にはそぐわないと主張してはいないからである。デカルトによる反論はむしろ、感性的なものは探究することができないと述べている。ところがバウムガルテンは、合理主義哲学と美学の違いを適切かつ鋭く言い表わす或る概念を導入す

＊　「ホメロスにみられる、昼間に編んだものを夜になると解きほぐすペネローペについての説話は、説話によっては意識されていないが、芸術のアレゴリーである。策略の多い者ペネローペが自らの手による産物に対して犯すことを、実際には彼女が、彼女自身に対して犯している。」（Adorno, *Ästhetische Theorie*,〔本書注35を参照〕, S. 278〔三一九頁〕）

ることで、こうした反論を退けている――それは、人間という概念である。

哲学者は一人の人間であり、人間的認識のこれほど大きな部分が自分に無縁であると考えるのはよくない。（同上）

〈感性的なものはその無規定性のせいで哲学的に認識することができない〉というデカルトのテーゼは、彼が人間という概念を退けたことで生じた直接的な帰結である。つまり、「わたしは存在する、わたしは実在する」という思想から必然的に続く問い、「いま必然のようにわたしであるこの〈わたし〉とはいったい誰なのか」という問い――この問いには、わたしは一人の人間であるということでは答えられないのだ。というのも、このことにはわたしの身体や生命、したがって感性的なものも含まれているはずだが、とはいえそれについては何も確かなことがわからないので、わたしは確信をもって自らを一人の人間であると名指すこともできないからである。[*]それに対してバウムガルテンは、哲学者もまた一人の人間であることを彼らに思い起こさせるという真逆の仕方で、美学を正当化する。つまり、感性的なものにかんする（「美的な」）探究を正当化しようとするバウムガルテンの試みは、彼が人間という概念を哲学的な自己認識のための根本概念に据えることのうちに存しているのだ。

バウムガルテン美学に対するヘルダーの論難は、バウムガルテンがこうしたテーゼでもって何に着手してしまったのかを自分でもわかっていなかったのではないかというものであった。というのも、わたしたちの「人間としての強度」は「自らの魂の根底」（本書九四―九五頁を参照）にあるのであって、わたしたちの魂の根底を形成するのは、曖昧でありながらも単に混然としているのではない「感情」なのであって、認識ではないからである――それは規範や法則、目的をもたない表現の戯れなのである。バウムガルテン美学の「誤り」（ヘルダー）は、人間を主体だと考えたことにある。美的に思考するとは人間について思考するということであるが、人間について――美的に――思考するとは、人間と主体の差異について思考するということなのである。

魂の曖昧なメカニズムにかんするヘルダーの思索が、こうした綱領を推し進めるための道しるべになるのは、そうした思索によって、人間と主体の差異を二元論では無いかたちで思考することが可能になるからである。自然と精神についての近世的な二元論は、人間のなかの主体ではないものをすべて自然であるとして概念化せざるをえなくなる。ここでいう自然は、近世自然科学がいう意味での自

＊　「すると、わたしは以前には一体自分のことを何だと思っていたのか？　きっと一人の人間だと思っていたのだろう。しかし、「一人の人間」とは何なのか？　理性をもって生きる存在とでもいうべきなのか。そんなはずはない、なぜならその次には「生きる存在」とは何なのか、「理性をもつ」とは何なのかと問わざるをえなくなるからだ。こうしてわたしは、ある一つの問いからますます多くのいっそう複雑な問いに陥ってしまうのだ。わたしにはそんな些末なことに浪費する時間はそれほどないのだが。」（*Meditationen*. II. 5: 45〔三九頁〕）

然であり、したがってそれは最初は機械論的な意味であったが、やがて一八世紀以降には生物学的な意味になった。曖昧な力というヘルダーの概念にふくまれる批判的なテーゼによれば、人間が――完全には――主体でないのは、人間が機械論的な意味や生物学的な意味での自然あるからだ、などという理由によるのではない。人間のなかの自然とは、むしろ人間ならではの自然本性 menschliche Natur なのである。つまりそれは美的な意味での自然であり、そうした自然の表現が戯れることのうちで作用する諸力なのである。

　人間が――完全には――主体でないのは、人間の美的な自然という曖昧な諸力が、主体の実践的な能力と同じようには、特殊な事例のなかで普遍的な形式を現実化しないからである。人間は美的な自然本性をもっているので、〔実践的な能力に対して〕取り残されたままであると――「上位の力の傷つきし者」[54]であるともいえよう。ところが、人間が決して主体になりえないのとまさに同じ理由で、人間はそもそも主体になりうるのだ。――一方では次の通りである。人間の美的な自然本性は曖昧な力なので、その自然本性を、主体の能力を形成するために人間がもつ（アリストテレス的な意味での）素質だとか、そればかりか定めだとは捉えることができない。曖昧な力は、それが表現されて戯れるところでは、主体的でも実践的でもない。そして主体の実践的な能力が形成されるのは、唯一、力の戯れを外部から遮断する社会化の訓練*によってである。主体の「誕生」とは、ある異質なものが人間のなかに侵入してくることなのである。――他方では次の通りである。人間の美的な自然本性はしかし、それが曖昧な力であるというまさにそのために、主体の能力――これが訓練を通して形成されることで力の戯れは破られてしまう――にとって（機械論的な意味や生物学的な意味で）どうでもよい〈異他なるもの〉だと捉えられることもできない。というのも、表現され戯れることで、曖昧な力は、人間を無規定性にさらすからである。この無規定性によって人間は、いかなる法則や目的からも解放され、それによってまずはじめに実践的な能力を形成し、それゆえ主体性への資格を与えられることになる。曖昧な諸力の表現が戯れることで、人間の「美的な自然本性」は構成され、実践的な能力を――戯れに逆らうものとして行使されるような能力を――訓練を通して形成することも可能になるのだ。

　以上のことから、ヘルダーは、人間の概念を人間にそなわる美的な自然本性から考えることによって、人間と主体の差異、曖昧な力と実践的な能力の差異についてだけ考えているわけではない。むしろヘルダーは、人間のなかにある差異を思考し、人間を差異として思考しているのだ。つまり、人間の美的な自然本性を、同時に主体の始源でありかつ深淵として思考している――これは「わたしたちの中間的人間性がもつ両極端な思想」なのである。〔55〕

＊　「わたしたちのうちに刻み込まれた異質なものについてのこうした教えや感覚のおかげで、わたしたちの思考には完全な形や方向性がもたらされる。外から見ることや聞くこと、そして押し寄せてくるものすべてを除いて、もし早くからわたしたちのために指導してくれるものがなくて、いわば完成した思考の形がわたしたちのうちに刻み込まれなければ、わたしたちは深い夜と闇のなかをおぼつかないまま歩くことになるだろう。」（*Erkennen*, 358）

第四章　美化——実践の変貌

人間の自然本性は美的である、人間の自然本性すなわちその魂の根拠は曖昧な力の戯れに存しているのだから——というのが、ヘルダーの美的人間学の根本命題である。だが、ヘルダーはどこからこのことを知るのだろうか？　実践的能力が本質的に自己意識的であるのに対して、曖昧な力は無意識的であるということも、その本質に含まれる——だから「曖昧」と言われるのだ。実践的能力は、その規範的内実をめぐる知を、すなわち、それが実現する実践における普遍的なものを、包含する。それゆえ、実践的能力についての知とは反省の知である。わたしたちが自らの実践的能力について知っているのは、わたしたちがこれをもっているからである。能力についての明示的な、さらに言えば哲学的な知は、暗黙のうちに前提された、能力における実践的な知のみを分節化する。このことは、人間の魂の曖昧なメカニズムには妥当しえない。それゆえ美的人間学は、主体性の哲学と内容的に対立するのみならず——主体性の哲学は、人間を主体から考えるのではなく、主体を人間から考える——、まったく異なる仕方で自分自身を理解せねばならない。美的人間学は、わたしたちの実践的自己意識の分節化ではありえない。というのも、人間の美的な自然本性へと系譜学的に回帰することで、人間学は主体とその自己理解の地平を踏み越えていくからである。

いくつかの箇所でヘルダーは、「曖昧な感覚、力そして刺激の深淵」についての人間学的な知を「各々の歩みにおいて特定の生理学である」(*Erkennen*, 340) という心理学にゆだねることによって、この問題を解決しようとした。だが生理学的考察では、魂の曖昧なメカニズムは過ぎ去った段階に、ひょっとすると、わたしたちが外からによってしかアクセスできない、隠された層になってしまう。[56] このことはしかし、魂の曖昧なメカニズムが訓練と教説——「わたしたちの内に刻み込まれる異他なるものの感覚」(358) ——によって作用し始めるのみならず、それを越えて外からわたしたちの内へと続いていくことと、矛盾する。このメカニズムは「最初の全能の印象」を生み出し、「決して消えることはない」[57]。「美的本性」は、作り物の層、人間の主体性の下深くに残る原初の段階などではなく、中断し変化しつつ主体の中に自らを表現することによって存立し続ける。だから、わたしたちは人間の原初の美的自然本性について知っている。なぜなら、それは継続的に姿を現しているのだから。そしてそれは、主体の実践的能力に即して、ということは、主体の実践的能力に対立して、表に現れることによって、姿を現す。

それゆえ、人間の美的自然本性をめぐる知への問いには、美的なものが単に「自然」でない場合にのみ、答えることができる。単に原初の状態、「文化」に先立つ他なるものでない場合にのみである。美的なものが知られうるなら、それはむしろ、実践的主体性の文化に介入する曖昧なメカニズムでなければならないが、それによって文化の構成要素ないしその特徴の一つとなるわけではない〔58〕。人間の美的な力は現象する。理性的主体とその実践の中断として現象する。わたしたちは、自らの美的自然本性について知っている。なぜならわたしたちは、そうした自然本性が現象するという美的な出来事を、経験したからである。

霊感から生動化へ

美的な出来事は、人間の美的本性がその実践すなわち主体性へと侵入する契機である。人間の美的本性がその主体性の「端緒」、根拠にして深淵を形成するなら、この端緒が訓練しつつ形成された主体性に対して顕著に現れるところの美的な出来事は、遡行 Regression というはたらきである。すなわち、訓練しつつ形成された主体性から曖昧な力の戯れへの後退であり、そこから、そして、それに対して、主体性は自らを訓練しつつ形成したのである。

主体性からの転倒として美的なものを理解する強力なモデルは、詩的霊感についてのプラトンの（あるいはプラトンが報告する）理論である。

叙事詩の作者たちで、すぐれている人たちはすべて、技術によってではなく、霊感を吹きこまれ、神がかりに襲われることによって、その美しい詩の一切を語っているのであり、その事情は、その叙情詩人たちにしても、そのすぐれた人たちにあっては同じことなのだ。つまり、叙情詩人たちもまた、正気を保ちながらその美しい詩歌をつくるのではない。むしろ彼らが調和や韻律の中へ踏み込むときは、彼らは狂乱の状態にあるのだ。そして、ちょうどバッコスの信女たちが、河から蜜や乳を汲みあげるのは、神がかりにかかることによって、正気のままでいたのではそうはできないのと同じように、叙情詩人たちの魂もまた、神がかりにかかることによって、彼らみずからが語っているそのとおりのことを行っているのだ。というのも、思うに詩人たちは、わたしたちにこう語っているはずだ。彼らは、あたかも蜜蜂さながらに、彼らみずからも飛びかいながら、ムーサの女神たちの庭や谷にある蜜の泉から、その詩歌をつみとり、わたしたちのもとにはこんでくるのだ、と。その彼らの言葉は、真実でもあるわけだ。というのも、詩人というものは、翼もあれば神的でもあるという、軽やかな生きもので、彼は、霊感を吹き込まれ、吾を忘れた状態になり、もはや彼の中に理性の存在しなくなったときにはじめて、詩をつくることができるのであって、それ以前は、不可能なのだ〔59〕。

詩作は「神的狂気で神がかっており」、それゆえ「いずれの場合でも自分自身とその真理について弁明しうるような知でも力能でもない」――ガダマーはプラトンの見解を、こうまとめている。[60] 詩作は実践的な遂行でも行為でもない。その根拠は、実践的な知や力能ではない。よって、詩は実践的な仕事でも善でもない――これが、一連の（そして一貫した）プラトンの反論である。詩作において、実践的主体性の崩壊が生じている。

美学はこのプラトン的な詩的熱狂のモデルと、曖昧な力の没意識的な戯れおよび理性的主体の意識的な実践との対立を、共有している。しかし、美学が直接プラトンと接続するところでも、そして、それは天才理論†において生じるのだが、美学は単なるプラトン主義ではないし、その逆ですらない。単に、評価の符号を裏返しただけの同じ記述ではないのである（というのも、プラトンが詩的霊感の理論を採用した狙いは、もちろん霊感を受けて真理を語れなくなった詩人への批判であるのだから）。たしかに、美学においても重要なのは、曖昧な力の戯れが理性的主体の実践に侵入することである。しかし美学は、曖昧な力と主体的実践との関係を、熱狂モデルとは決定的に異なる仕方で、理解する。詩人が自らの知や力能から、「技術によって」語るのではないことは、プラトンにとっては、詩人は「神的な力に」突き動かされている、ということであった。「詩人たちは……神々の取つぎ人以外の何ものでもない」（『イオン』534E）。すなわち、詩人は「霊感を吹きこまれている」ということである。詩人を通じて外

† 天賦の才をもつ芸術家がその精神を作品に込めるというモデルで芸術創造を説明する近代理論。

的な、異他なる——高次の——力が語っているのである。霊感を吹きこまれた詩人は「彼岸の電話」[61]である。これに対して美学は、美的なものの主体への侵入を主体固有の曖昧な力の作用として記述する。ヘルダーの美的人間学において学習*すなわち主体の「生成」に帰される端的に根本的な意義から導かれるのは、曖昧な力の戯れと主体の実践的能力は、その差異において同時に相互に絡み合っている、ということである。後者は前者からの断絶に由来する。それゆえ、詩人においてその実践的能力に対して呼び起される曖昧な力は、その他なるものであるのみならず、その端緒でもある。プラトンが詩人の霊感を神的なものの主体への侵入と理解しているとすれば、美学は美的なものを、そこからそしてそれに対して主体が自らを訓練しつつ形成した主体の状態への回帰と理解する。

　これを言い表すのが、美的「遡行」という概念、すなわち、美的自然への逆行としての美的出来事という概念である。そしてそれは、同時に美学に、ではいかにして、すなわち何によって、美的遡行は生じるか、という問いを突きつける。プラトンが指示した詩的霊感の理論は、その因果性を問うてはいない。なぜなら、詩的狂気における実践的主体性の崩壊は「神的な力による」霊感なのだから。霊感の原因と内実は一つである。それに対して、美学は美的作用の——美的状況の作用としての美的本性への美的遡行の——理論を必要とする。[62]

　何によって、主体はその曖昧な力の戯れへと美的に遡行するのか？「バウムガルテン流の」美学を批判するヘルダーの共犯者たるヨハン・ゲオルク・ズルツァーは、「エネルギー」の変換によって、と答える。この表現を用いたことを、彼はある注で次のように説明している。

他の表現の欠如から、一般にある種のすぐれた力を語りにおいてのみならず趣味に属するあらゆる他の物においても示すのに、わたしはこの言葉を用いざるをえない。それはまさに、ホラティウス（『諷刺詩』一・四）において「言葉と事物における鋭い精神と力 acer spiritus et vis in verbis et rebus」と言われているものである。[63]

美的「エネルギー」は、「趣味に属する」物を通じて人間に作用する「力」に存する。〔良い〕趣味に属する物は、さらに二つの異なる質に基づいて人間に作用することができる。すなわち、その「完全性」と「美しさ」に基づいてである。これらと趣味の物の「エネルギー」は、その作用の仕方によって区別される。「わたしたちが事柄において知覚する完全性は、わたしたちにとってはそれについて熟考することであり、美しさはわたしたちにそれを観賞ないし観察させ、そしてエネルギーは〔心の〕運動をもたらす」（124）。物——語り、出来事、音——のエネルギーは、魂を動かすところに存する。

こうしたことは、修辞学の伝統から取られたものである——とりわけ、これに関係するのはクラウ

＊「すべては次の相違にかかっている。わたしたちは言語を学ぶのか、あるいは言語をわたしたち自身のために発明するのか。」（*Über die neuere deutsche Literatur.* [...] *Dritte Sammlung*〔本書注20を参照〕, S 394）

ス・ドックホルンの「近代美学は、広く修辞学的テクストの解釈訓練として、すなわち、内生的な形成史として展開した[64]」という注釈である。しかし重要なのは、いかにしてズルツァーが運動のエネルギー（「パトス」）の修辞学的彩 Figur を力の美的人間学という手段によって刷新したのか、ということである。ズルツァーは「運動 Bewegung」という表現をドイツ語において「情動 emotion」に対応するものとして導入する。これによって言われているのは、美的エネルギーは思惟とは反対に感情に作用する、ということのようである。このことは、ズルツァーが用いた「魅力」と「感動」という表現からも窺える。これは――カントの批判的定式においては――「美的判断の質料としての感覚」は美的作用の「規定根拠」となる、と解されるであろう[65]。これによってカントは、美的なものを理解することを目指したが、それは、趣味の物がわたしたちにおいて生み出す「運動」について、わたしたちがこれらの物の特性を感触ないし感覚しつつ評価する、ということから説明するのである。美的運動は感情の強い反応であろう。ここで「強い」というのは、それが対象の特性の情動的・無反省的評価だからである。もっとも、ズルツァーが美的運動をこうしたカントの批判する意味で情緒的評価のメカニズムとして理解していないことは、美的「エネルギー」が「魂の下位の力」にも、「物を見たり表象したりする仕方、すなわち、魂の上位の力」（» Energie «, 135）にも作用しうることの裏づけである。すなわち、わたしたちの情緒のみならず魂のすべての「力」は、言葉の、対象の、音のエネルギーによって「運動」へと至る。魂の「力」は皆、上位も下位も、感触も表象も思惟も、美的なエネルギー変換によって「情動」となる、すなわち、始動する。

ここに、美的なものの考察が達する最初の基本的な洞察がある。それは、人間の原始本性としてのその規定を超えて、美的出来事において現象することを問うのである。さらに言えるのは、ヘルダーが規定した意味で「美的」なのは、そこに普遍的なものが現実化されていないがゆえに「曖昧」とも呼ばれうる作用、力の戯れである、ということである。しかし、美的であるということは、今やもはや、人間の初期段階、基礎層の特性としてのみ解されうるものではない。美的な出来事において、曖昧な力の戯れはむしろ、理性的主体性の実践に侵入する。このことが、美的な出来事を遂行の出来事にする。ただしそれは、曖昧な力の戯れに通じるのみならず、主体の実践的能力に即して遂行される遡行である。「運動」し始める、すなわち、「情動」になるとは、様相を規定することである。それは、十分なエネルギーが供給されれば、「下位の力」においても「上位の力」（ズルツァー）においても、人間の魂のすべての区域において、すなわち、わたしたちの術語で言えば、曖昧な力においても実践的能力においても出現する「力」の遂行方式の規定である。それゆえ、その曖昧な力の戯れへの美的な遡行において、主体は単にその初期状態に回帰するのではない。主体の美的遡行は、もっとラディカルである。それは、訓練しつつ形成される実践的能力を、曖昧に戯れる力の状態のために断念するのではなく、訓練しつつ形成される実践的能力そのものを「運動」に、すなわち曖昧な力の戯れに置換するのである。曖昧な力の戯れへの美的遡行は、実践的能力の美的な転換である。それは、実践的能力を曖昧に戯れる力へと変貌させるのである。

こうした決定的な洞察が、ズルツァーにおいては用語としても表現されている。ヘルダーが曖昧なものの概念を新たに把握することによってバウムガルテン美学への対抗案を定式化したのに対し、ズルツァーは、生動的なものについてのバウムガルテンによるメタファー用法を引き継ぎ、これを用いてバウムガルテンの感性的認識の理論（生動性と明晰性をつなぐ理論。本書八〇—八二頁参照）を打破する思想を定式化しようとするのである。その際ズルツァーは、「生動的なもの」について、エネルギーをもった言葉、対象、音の特性として、ただしとりわけ、このエネルギーによって動かされた魂の様相として、語っている。[66] 美的エネルギーの作用によって「魂はその全生動性を再獲得する。最初は気に入られるだけだったものが、今や感動させ始動し始める」（» Energie «, 128）。魂の美的転換、主体の美的本性への遡行は、曖昧な力となって戯れ始めるまでに至る、実践的能力の「生動化する」変貌なのである。

自分自身のための感触

人間の原初的本性は「美的」であるのみならず、美的な出来事において主体に即して現象すること。この美的現象は主体の遡行として、そしてこの美的遡行は再び主体の実践的能力の転換、「生動化

人文書院

刊行案内

2024,8

鴨川鼠（深川鼠）色

ザッハー＝マゾッホ集成全三巻

ザッハー＝マゾッホ 著
平野嘉彦／中澤英雄／西成彦 訳

各巻¥11000

Ⅰエロス

習俗を巧みに取り込んだストーリーテラーとし[illegible]のマゾッホの筆がさえる。本邦初訳の完全版[illegible]皮のヴィーナス」、「コロメアのドンジュア[illegible]か全4作品を収録。

Ⅱフォーク[illegible]ア

ドイツ人、ポー[illegible]ルーシ人、ユダヤ人が混在する土地[illegible]の貧富の格差をめぐる対立。複数の言語、ガ[illegible]ツィアの雄大な自然描写、風土、民族、習俗、信仰を豊かに伝えるフォークロア的作品。「ハイダマク」ほか全4作品を収録。

Ⅲカルト

あるいは「草原のメシアニズム」、あるいは「農本共産主義」（ドゥルーズ）を具現する、ロシア正教の異端宗派、ユダヤ教の二つの宗派など、さまざまなカルトが蟠居する東欧のスラヴ世界。マゾッホの宗教観を如実に語る「漂泊者」ほか、5編の小説および2編の論考を収録。

◎内容見本進呈

お問い合わせフォームにて送り先をお知らせください。お一人様1部までお送りします。

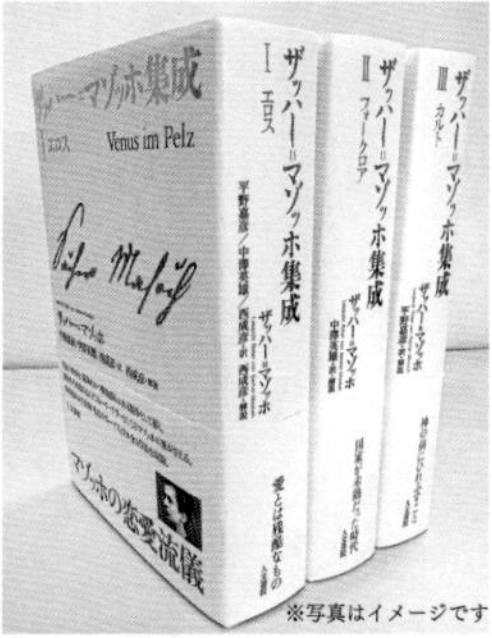

※写真はイメージです

詳しい内容や収録作品等の情報は以下のQRコードからどうぞ！

■小社に直接ご注文下さる場合は、小社ホームページのカート機能にて直接注文が可能です。カート機能を使用した注文の仕方は**右のQRコード**から。

■表示は税込み価格です。

人文書院
〒612-8447 京都市伏見区竹田西内畑町9
TEL075-603-1344／FAX075-603-1814
編集部 Twitter(X):@jimbunshoin
営業部 Twitter (X):@jimbunshoin_s
mail:jmsb@jimbunshoin.co.jp

新刊一覧

セクシュアリティの性売買

キャスリン・バリー 著
井上太一 訳

搾取と暴力にまみれた性売買の実態を国際規模の調査で明らかにし、その背後にあるメカニズムを父権的権力の問題として理論的に抉り出した、ラディカル・フェミニズムの名著。

¥5500

人種の母胎

性と植民地問題からみるフランスにおけるナシオンの系譜

エルザ・ドルラン 著
ファヨル入江容子 訳

性的差異の概念化が、いかにして植民地における人種化の理論的な鋳型となり、支配を継続させる根本原理へと変貌をしたのか、その歴史を鋭く抉り出す。

¥5500

戦後期渡米芸能人のメディア史

ナンシー梅木とその時代

大場吾郎 著

日本とアメリカにおいて音楽、映画、舞台、テレビなど活躍し、日本人女優で初のアカデミー受賞者となったナンシー梅木の知られざる生涯を初めて丹念に描き出す労作。

¥5280

翻訳とパラテクスト

ユングマン、アイスネル、クンデラ

阿部賢一 著

文化資本の異なる言語間の翻訳をめぐる葛藤とは？ ボヘミアにおける文芸翻訳の様相を翻訳研究の観点から明らかにする。

¥4950

マリア＝テレジア 上・下

「国母」の素顔

B・シュトルベルク＝リーリンガー著 山下泰生／伊藤惟／根本峻瑠訳

「ハプスブルクの女帝」として、フェミニズム研究の範疇からも除外されていたマリア＝テレジア、その知られざる実像を解き明かす、第一人者による圧巻の評伝。

各¥8250

戦後期渡米芸能人のメディア史

ナンシー梅木とその時代

大場吾郎 著

日本とアメリカにおいて音楽、映画、舞台、テレビなど活躍し、日本人女優で初のアカデミー受賞者となったナンシー梅木の知られざる生涯を初めて丹念に描き出す労作。

¥5280

読書装置と知のメディア史

近代の書物をめぐる実践

新藤雄介 著

書物をめぐる様々な行為と、これまで周縁化されてきた読書装置との関係を分析し、書物と人々の歴史に新たな視座を与える力作。

¥4950

ゾンビの美学

植民地主義・ジェンダー・ポストヒューマン

福田安佐子 著

ゾンビの歴史を通覧し、おもに植民地主義、ジェンダー、ポストヒューマニズムの視点から重要作に映るものを仔細に分析する力作。

¥4950

イスラーム・デジタル人文学

須永恵美子 編著
熊倉和歌子 編著

デジタル化により、新たな局面を迎えるイスラーム社会。イスラーム研究をデジタル人文学で捉え直す、気鋭研究者らによる最新の成果。

¥3520

ディスレクシア

マーガレット・J・スノウリング 著
関あゆみ 監訳
屋代通子 訳

ディスレクシア（発達性読み書き障害）に関わる生物学的、認知的、環境的要因とは何か？　ディスレクシアを正しく理解し、改善するための効果的な支援への出発点を示す。

¥2860

シェリング以後の自然哲学

イアン・ハミルトン・グラント 著
浅沼光樹 訳

シェリングを現代哲学の最前線に呼び込み、時に大胆に時に繊細に対決させ、革新的な読解へと導く。カント主義批判により思弁的実在論の始原ともなった重要作。

¥6600

一つの惑星、多数の世界

ドイツ観念論についての試論

ディペシュ・チャクラバルティ 著
篠原雅武 訳

人文科学研究の立場から人新世の議論を牽引する著者が、ラトゥール、ハラウェイ、デ・カストロなどとの対話的関係のなかで示す、新たな思想の結晶。

¥2970

近代日本の身体統制

宝塚歌劇・東宝レヴュー・ヌード

垣沼絢子 著

戦前から戦後にかけて西洋近代社会、民主主義国家の象徴とみなされた宝塚・東宝レヴューを概観し、西洋近代化する日本社会の身体感覚の変貌に迫る。

¥4950

福澤諭吉

幻の国・日本の創生

池田浩士 著

福澤諭吉の思想と実践——それは、社会と人間をどこへ導いたか？　福澤諭吉のじかの言葉に向き合うことで、その思想と実践をあらたに問い直し、功罪を問う。

¥5060

反ユダヤ主義と「過去の克服」

戦後ドイツ国民はユダヤ人とどう向き合ったのか

高橋秀寿 著

反ユダヤ主義とホロコーストの歴史的変遷を辿りながら、戦後、ドイツ人が「ユダヤ人」の存在を通してどのように「国民」を形成したのかを叙述する画期作。

¥4950

宇宙の途上で出会う

量子物理学からみる物質と意味のもつれ

カレン・バラッド 著
水田博子／南菜緒子／南晃 訳

哲学、科学論にとどまらず社会理論にも重要な示唆をもたらす21世紀の思想にその名を刻むニュー・マテリアリズムの金字塔的大著。

¥9900

今回のイチオシ本

思想としてのミュージアム

増補新装版

博物館や美術館は、社会に対してメッセージを発信し、同時に社会から読み解かれる、動的なメディアである。日本における新しいミュゼオロジーの展開を告げた画期作。旧版から十年、植民地主義の批判にさらされる現代のミュージアムについて、論じる新章を追加。

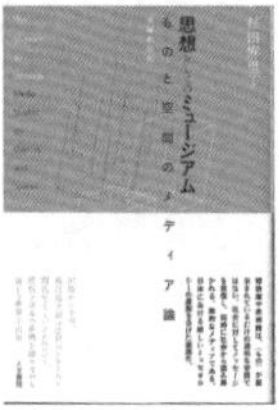

村田麻里子著
¥4180

呪われたナターシャ

復刊

現代ロシアにおける呪術の民族誌

三代にわたる「呪い」に苦しむナターシャというひとりの女性の語りを出発点とし、呪術など信じていなかった人びと—研究者をふくむ—が呪術を信じるようになるプロセス、およびそれに関わる社会的背景を描いた話題作、待望の復刊！

藤原潤子 著
¥3300

超越論的存在論

ドイツ観念論についての試論

存在者へとアクセスする存在論的条件の探究。「世界は存在しない」「複数の意味の場」など、その後に展開されるテーマをはらみ、ハイデガーの仔細な読解も目を引く、哲学者マルクス・ガブリエルの本格的出発点。

マルクス・ガブリエル著
中島新／中村徳仁訳
¥4950

はじまりのテレビ

戦後マスメディアの創造と知

1950～60年代、放送草創期のテレビは無限の可能性に満ちた映像表現の実験場だった。番組、産業、制度、放送学などあらゆる側面から、初期テレビが生んだ創造と知を、膨大な資料をもとに検証する。気鋭のメディア研究者が挑んだ意欲的大作。

松山秀明 著
¥5500

Belebung」として理解されねばならないこと——こうした議論が、美的なものの「エネルギー」についてのズルツァーの解釈によってなされる第一段階を形成する。第二段階は、美的な遡行としての転換のメカニズムを、より正確に解明することである。この段階でも、魂を動かし感動させる美的作用について、彼が次のように記していることに鑑みるならば、その解釈が想起される。

この〔「運動」の〕原因を正しく知ろうとするなら、魂が安らかな気晴らしに身を委ねることによって強制も苦労もなく一連の悦ばしき観念を生み出す幸福な瞬間を想起せよ。気づかれぬほど静かに水が流れ行く小川と同じく、魂は自らの多忙を感じることがない。その一連の表象が生み出す変化する絵にその全注意を向けていることについて、我を忘れているのである。普通はこの状態は長くは続かず、ほんの少しの原因が快適な錯覚を壊してしまう。こうして、魂は絵から目をそらし、今この瞬間に自分自身に、その状態に、その存在方式に、目を向ける。この変化はもちろん、〔心の〕運動を生み出す大小の狼狽を伴う。（»Energie«, 124f.）

この記述において聞き逃せないのは、エドマンド・バークの美しいものと崇高なものの区別を彷彿させることであり、それはズルツァーにおいてすでに、もはや二種の美的なものの型の対比としてではなく、「観察ないし観賞［すなわち美しさの「観想 contemplation」（124）］の状態から運動の状態への移行」

(128) としてプロセス的に理解されている。しかしズルツァーがバークから借用しているのは、(美しいものの)「観察」と(崇高なものによる)「運動」という美的作用の二つの側面の区別とプロセス的結合だけではない。バークが崇高なものにおいて恐ろしいものの快を説明したその方法にも、ズルツァーによる借用は関わっているのである。この快は「いかにして一種の喜悦［*delight*］が、一見それとは正反対のものに見える原因から引き出されうるのか」[67]という問題を提起する、とバークは、アリストテレス以来扱われてきた悲劇のパラドックスに連なりつつ、言う。バークが示唆するこの問題の解決は、以下の通りである。

> 恐怖は、それがわたしたちに切迫しない場合には、必ず喜悦を生み出す情念である……。わたしたちが自然に促されて何らかの積極的意図［*active purpose*］を目指そうとする時には、その主題が何であれ、わたしたちをそれへ駆り立てる［すなわち「生動化する」*animate*］情念は喜悦もしくはある種の快を必ず伴うものである。(*Enquiry*, 42)

バークの言う魂の「駆り立て animation」を、ズルツァーはその力の「活気 Lebhaftigkeit」として再定式化した。ズルツァーはしかし、何よりも、バークの記述では魂の力が恐ろしいものを眼前にしても快の感情を喚起しうる――わたしたちに近すぎなければ――ために遂行されねばならない操作をも指摘する。魂はその注意の方向を反転させねばならない。すなわち、対象から注意の方向を逸らして「今この瞬間に自分自身に、その状態に、その存在方式に、目を向け」(» Ernergie «, 125) ねばならない。崇高なものにおける逆説的な快の条件は、自己反省の行為である。

　これを最も判明に定式化したのは、『ラプソディーあるいは感覚についての書簡への補遺』〔68〕におけるモーゼス・メンデルスゾーンである。そこでのメンデルスゾーンの出発点は、恐ろしいものにおける楽しみ Vergnügen を説明するという問題を、より鋭く把握することである。恐ろしいものにおける楽しみを説明するという、この困難が生じるのは、「すべての快適な感覚は対象を完全なものと見ることから成立する」〔69〕が、同時に、崇高なものの恐ろしい対象は完全なものや良いものをそれ自体としては持たないことからである、とメンデルスゾーンはデカルトを参照して言う。この（デカルトにおいてもすでに定式化されていた）* ジレンマからの逃げ道は、崇高なものの快は見かけに反してその対象における快では決してない、という洞察にある。

　たしかに喜びは意志と同様、真の、あるいは見かけの善以外のものを根底に置くことはない。し

＊　「善の享受」と異なり、「精神の作用によってのみ精神のうちに生ずる［…］精神自身によって精神自身のうちに引き起こされる快い情動」と呼ばれる「純粋な知的喜び」が存在する（Descartes, *Die Leidenschaft der Seele*［本書注69を参照］, Art. 91, S. 143〔一二一頁〕）。

かし、この善はつねにわたしたちの外なる対象に、すなわち原像に、求められてはならない。対象の欠陥や悪でさえ、表象としては、すなわち思惟する主体の規定としては、善く快適でありうる。(» Rhapsodie «, 133)

その「対象の欠陥や悪」の「表象」でさえ快適でありうる「思惟する主体 der denkende Vorwurf」は(バウムガルテンの新しい言い回しをドイツ語化したメンデルスゾーンによれば)、まさに同じ表象の「主体 Subjekt」であるところの「実体 Substanz」である。恐怖は——そして、それを通じて恐ろしいものも——、それをわたしたちの情念すなわち魂の「運動や感動」と見るならば、快適である。恐ろしいものにおける喜びにおいて、わたしたちは「距離」(*Enquiry*, 36)を取って「わたしたちへの関係を対象への関係から」、あるいは逆に、「客観的なものを主観的なものから切り離す」(» Rhapsodie «, 134, 132f.)。恐ろしいものにおける喜びのもとで、魂の反省的反転が生じており、それはそこでは、経験された客体の状態ではなく自らの状態に向けられている。魂はその際、対象の恐ろしいものによって刺激され、自らが興奮状態にあることを確認する。そして、この確認は快の感情を伴う。というのもこの確認は、デカルトの快の規定が要求したのとまったく同様に、善の判断、完全なものの判断を含むからである。ただ、ここでの完全なものは、経験されたものについてではなく、経験する者について言われている。それは、ほかならぬ活動・運動している魂の状態にある、完全なものである。つまり魂は「動かされることだけを切望し不快適な表象にも動かされるであろう」(133)、とメンデルスゾーンはデュボスの洞察に拠りつつ述べる。何によるにせよ、こうした「切望」の、魂の運動へのこの努力の履行こそが――そして、恐ろしい対象の描写は特にそれに適している――、わたしたちの喜びがそうした対象において構成するものなのである。

恐ろしいものにおいてわたしたちが快を経験するのはなぜかを説明するために、この自己反省の姿はどのように理解されるべきだとメンデルスゾーンは考えるのだろうか? この自己反省の姿は、特殊に美的なものとして理解されねばならない。否定的に言えば、この美的な自己反省は、後にしばしば哲学の「超越論的」反省と比較された[70]ほどに似ているように見える哲学的自己反省と混同されてはならない。だが両者は根本的に区別される。哲学的自己反省は、成功した実践の可能性の条件を問う。その構造は、特殊なものにおける普遍的なもの、すなわち、今ここという特殊な場合における普遍的なもの、すなわち、実践の普遍的形式の現実化である。哲学的自己反省にとって重要なのは、人間の能力の探査である。能力は認識されるのみならず経験されうるものでもあり、人間の能力の経験も快と結びつきうる。哲学的に理解すれば、すなわち、哲学的自己反省の概念においては、自分自身における快とは、人間の主体性を構成する実践的能力における快である。つまりそれは、善いものに向かう能力の善いものにおける快である。

ところでしかし、恐ろしいものの経験、崇高なものの恐怖 *terror*(バーク)は、まさにわたしたちの能力がここで機能しなくなることに、すなわち、わたしたちが行為を為しえないことに、存している。それでも、わたしたちは快を経験する。これは、わたしたちの能力、行為を為しえないことにおける快ではありえない。しかし、わたしたちの無能力、行為不可能性における快でもありえない。というのも、それをわたしたちは単に不快とともに、失敗の不快とともに、経験するのだから。それゆえ、わたしたちが恐ろしいものを快とともに経験する際にそこに置かれているように思われる状態は、能力の状態でもなければ無能力の状態でもないし、行為を為しうる状態でもなければ為しえない状態でもない。それは別の状態、実践的二者択一——成功か失敗か、能力か無能力か——から免れた状態である。この別の状態を、人間の魂はそれ自体で別種の自己関係によって、知覚する。

哲学的自己反省同様、それは、わたしたちが認識ないし意志（あるいはまた「観察」）しつつ対象に関わる際には通常は「ある意味で忘れている」（» Energie «, 125）、何かに注意が向けられるような自己関係である。ここにおいて、この自己関係は反省的である。わたしたちは自らの注意をわたしたち自身に、わたしたちの能力に向ける。しかし、わたしたちが自らの注意をわたしたち自身に向けるのは、能力としてではない。つまり、わたしたちは美的自己関係において、主体としてのわたしたちに注意を向けるのではない。そうだとすればわたしたちは、恐ろしいものを目の当たりにした自らのなすすべもない無能力を、不快とともに経験しうるだけであろう。わたしたちは、美的にはむしろ、成功か失敗か、為しうるか為しえないかという実践的二者択一の彼方にある、わたしたちの能力に自らを向ける。美的自己関係は、「抽象」〔71〕を企てる。それは、そのために魂がそこにあり善いものであるところのものから切り離された魂の能力に、自らを向ける。それ自体として純粋で、その実践的目的と規範的内実を度外視した能力である。しかし、このように能力を、その実践的目的と規範的内実を形成する善いものから切り離すことは、美的な自己反省を見出すのではなく、美的な自己反省を生み出すのである。善いものからの能力の切り離しが存在するのは美的な自己反省においてのみであり、それどころか、美的な自己反省を通じてのみである。美的な自己反省は、主観的なものを客観的なものから切り離すのみならず、能力を善いものや実践から切り離す行為である。主体の能力はしかし、この連関にのみ存する。規範的内実と実践的目的なき能力は、いかなる能力でもない。それゆえ、美的自己反省を通じて能力の統一、主体の審級は崩壊する。残るのは、人間の美的本性、曖昧な力の戯れである。

*

メンデルスゾーンとズルツァーは、美的なものを出来事として、人間の魂への美的作用という出来事として、記述している。その際、彼らはそれぞれある一つの側面を中心に据えている。メンデルスゾーンは、その恐ろしいものにおける快の分析において、それを通じて主体の能力がその実践的関係から解放される自己反省のメカニズムを記述している。ズルツァーは、「運動」「感動」「生動化」といった概念に拠りつつ、いかにして実践的能力が曖昧な力に（再）変貌するのかを記述している。美的自己反省は、実践的能力における否定的操作であり、それに肯定的に対応するのが、実践的能力が戯れる曖昧な力へと美的に転換することなのである。

「生動化」と「自己反省」という概念はそれゆえ（かくも表裏一体となりながら）、人間の魂への美的作用を出来事として記述するのみならず、この出来事を人間の魂におけるプロセスとして、つまり実践的能力がその自己反省を通じて曖昧に戯れる力へと転換していくプロセスとして、記述する。これが美的プロセスであり、実践的なものが自己反省的に転換していくプロセスである。能力によって現実化される実践的連関は、普遍的形式の下にある特殊事例の連関である。能力が自分自身に回帰し、その普遍的内実から切り離されて単にそれ自体で、特殊なものを繰り返し産出する能力として経験されるときに、この連関は変貌する。そのとき、この実践的連関は美的になる。それは一連の力の表現となり、高揚し生動化された運動の中で、その表現の各々を超え、その先へと進んでいく。

美的になること

ズルツァーとメンデルスゾーンの考察は、「生動化」と「自己反省」という題目の下で美的なものの規定を導入したのであり、この規定が美学にとって基礎的なものであり続けた。しかし、美的なもののこの内容的規定と並んで基礎的なのは、その存在論――「美的」と呼ばれるものの存在様式――の新たな理解であり、それはメンデルスゾーンとズルツァーのプロセスとしての美的なものの記述によって獲得された理解であった。ヘルダーにおいて「美的」なのは、人間の魂の状態、その作用の仕方のことであった。この状態の規定は、曖昧なものと明晰なもの、感覚と認識という類型的対立によって生じている。ヘルダーは、この類型的対立を――曖昧なものと明晰なものの関係を断絶と発展として二重に記述することで――時間的に力動化するが、そこでの美的状態はつねに原初的なものと考えられているがゆえに、このプロセス性は彼にとって外的なままである。かつては、曖昧に戯れる力の美的な（自然）状態があった。それはメンデルスゾーンとズルツァーにおいて根本的に変化しているが、それは、たしかに彼らはヘルダーとともに（バウムガルテンの同化に対して）美的なものと実践的なものの構造的対立に固執するが、原初の美的なものからではなく現在の実践的なものから出発するからである。こうして、美的なものは状態ではなく出来事となり、美的出来事はプロセスとなる。プロセスである出来事はしかし、プロセスに、その発生のプロセスにとどまる出来事である。美的なものが実践的なものの自己反省的転換という出来事に存するならば、美的なものはやはり、この変貌の遂行にのみ存する。美的なものは、この遂行においてのみ現前する。美的なものは、状態的存在ではなく生成である。美的なものは、非美的なものの美化〔美的な状態への変貌〕としてのみ、存在する。

しかし、非美的なもの、実践的なものについて、それが美化されうるとは、どういうことだろうか？ 美化は、実践的なものの自己反省を通じた転換としては、その外にある操作ではない。美化のプロセスにおいて示されるのはむしろ、実践的なものはこれまでもずっと、美的なものへの移行のうちにあった、ということである。実践をなす連関はみな、自分自身を反省し、それによって動かされ生気づけられるならば、美的になりうる。だが、もう一度問おう。それはなぜなのか？ 実践的なものについて、それが美化されうるとは、どういうことか？ 実践的なものが美的になりうるのは、それが美的であったからである。

実践的なもの、その能力を伴う主体は、まずは美的なもの、曖昧な力の作用から成立した。この成立は、きわめて両義的で相互に逆向きのプロセスである。一面では、美的な力の未規定性――機械論的および生物学的な意味での力から区別してその「戯れ」をなすもの（本書一〇〇頁以下参照）――は、能力を訓練しつつ養成するための可能性条件である。というのも、それによっては人間は固定されず、何か他のもの、つまり「主体」になりうるからである。他面では、美的な力の作用方式に対する実践的なものの規範的秩序は、外から挿入・貫徹されねばならない。主体化の原舞台は、異他なる感覚を刻みつけることである。この両面がともに、実践的なものの成立を美的なものの変貌のプロセスとするのである。実践的主体は、自らの中ですでに作用している美的な力に接続するとともにその作用を抑圧することにより、成立する。実践的能力は、自分自身に対して向けられた美的な力であった。そして実践的能力は、それが美的であったがゆえに――そしてそれゆえにのみ――、美的になりうるのである。実践的なものの美的なものへの移行が可能なのは、それが実践的なものの美的なものへの後退だからである。それゆえまた、そう、まさに自己反省的転換として、実践的なものの美的転換は、遡行作用――実践的能力がかつてそうであったもの、実践的能力の中で潜在的に続いているものへの回帰――である。

しかし、実践的なものの（自己反省による）美的変容が美的遡行と解されねばならないのであれば、美的なものをプロセスとして理解することも、美的状態の概念なしにはありえない。たしかに、美的なものは状態ではなく、美的なものが状態として実際に存在する現前はありえない。美的なものの現前は、実践的なものの〈美化のプロセス〉である。同時にしかし、〈美化のプロセス〉は翻って曖昧に戯れる力の状態と関係し、その内で、そしてそれに対して、実践的能力は始まった。この状態の過去性――それがかつては現在であったのであり、今では過去の存在であるという二重の意味での「過去性」――なしには、〈美化のプロセス〉はありえない。ヘルダーが、そしてこれまでわたしが彼とともに、戯れる力のこの最初は曖昧な状態について「美的」な状態として語ったのは、そのような「美的」という意味で曖昧な状態を理解すべきだからである。この状態は、それが美的に再更新されるがゆえに、そしてその限りで、美的である。美的な状態が、曖昧に作用する力の状態が、実践的能力を訓練しつつ養成する以前に存在したとき、美的な状態はまだ存在しておらず、この状態はなお美的な状態ではなかった。それゆえ、美的なものは曖昧なもの、つまり人間の魂の原初的自然状態ではないが、美的なもの、つまり実践的なものの美化は、曖昧なものの再更新としてのみ、存在する。実践的なものが美的になるということは、それゆえ同時に、実践的なものにとって他なるものが、曖昧なものが美的になるということである。美的なものである美化は、二重の美化である。すなわち、同時に実践的なものと曖昧なものとの美化なのである。

展望——美学理論

〈美化のプロセス〉は、対象を規定するという社会的実践に向けられる。美化のプロセスは、規定という社会的実践をすり抜けるのである。この美的な掘り崩しのメカニズムは、それによって主体が規定という実践を遂行する、まさにあの自己反省に存する。そこでは美的自己反省は、（哲学的）自己認識と対照的に、主体的なはたらきではない。それは、主体が自らを確認する反省のはたらきではない。というのも、そこへと美的自己反省が主体的能力を変容する、曖昧に戯れる力は、主体には属さないからである。それはしかし、誰かの力である——それが能力のように主体によって意識され的を絞って行使されるという意味においてではなく、わたしがその展開をわたし固有のものとして経験する、という意味において。というのも、それはわたしを変え、わたしを「生動化する」からである。美化のプロセスにおいて、自己変貌が生じている。それは、主体という社会的実践の参加者であり行使者から、曖昧に戯れる力の審級としての自己への変貌である[72]。

美学にとって重要なのは自己、さらにはその自己経験と自己変貌だけであるということは、美学の歴史と（ほとんど）同じくらい古くから向けられている異議である。ヘーゲルとキルケゴールはロマン主義に対して、ハイデッガーとガダマーは唯美主義における美的なものの刷新と徹底化に対して、こうした異議を唱えた。理論と実践における美的なものへの注意は、この批判にとっては、単なる自己相関性の表現として、（つねに社会的である）実践からの逸脱として、そして、それによって同時に、わたしたちには規定という社会的実践においてのみ与えられている客体に対する閉鎖として、現われる。この批判いわく、美的なものにおいて重要なのは、もっぱら人間の「内的」状態の経験と享楽である。美学は「主体化」の言説である——そして、この言説には実践が対応する。

人間の状態性へ立ち返り、人間自身が存在者と自分とに向かい合っている様態へ立ち返っていく傾向の致すところ、いまや［「近世」において、そして近世の美学において］人間自身の自由な構え、人間が物事にふれて感じる様態、要するに彼の「趣味」が、存在者について判決を下す法廷となる。このことは形而上学においては、あらゆる存在とあらゆる真理との確実性が個々の自我の自己意識すなわち「われ思うゆえにわれ在り」にもとづけられる、という点に現れてくる。……わたし自身とわたしの状態とが、第一の本来的な存在者である。その他にも存在すると言い立てられうるべきすべてのものは、このように確実な存在者を目安と尺度にして評定される。わたしがあるものに接して抱く気分である、わたしの状態が、やがてまた、わたしがさまざまな事象や事件をどう判定するかについての主要な基準にもなる。

こうなると、芸術美への省察は、取り立てて排他的な意味で人間の感性（αἴσθησις）への関わりにはまりこむ。（*Nietzsche*, I 99〔一一九―一二〇頁〕）

この批判が美学とその美的なものの概念をいかなる点において逸しているのかは、明らかである。それは、カテゴリー上の差異を、それゆえ、能力と力との（反省と遡行としての）二重のプロセスを、逸しているのである。それは、実践の美化が主体的行為――そこにおいて主体が自分自身と関係する行為、それゆえ、主体が遂行し自分自身を確認する行為――であると想定している。ヘーゲルからガダマーに至るまでの「主体化」としての（美しいもの、芸術、文化の主体化としての）美学批判は、それゆえまさに、美学がヘルダーのバウムガルテン批判以来定義してきたものを、逸している。それはすなわち、力という名のもとでの主体を疑問視するということである。

しかし、美的なものすなわち〈美化のプロセス〉をもっぱら徹底的に変化した自己経験の媒体として理解している――「世界を」そのような自己美化の「機因および機会として［のみ］見ている」[73]――

という、美学に対する異議は残る。バウムガルテンの美学には、この異議は当たらない。というのも、その美学は、それは美的なものを認識の形式として把握しているため、美的なものを客体に関係づけて規定するものとも把握しているからである。しかし、「バウムガルテン流の」美学へのヘルダーの批判により、美的なものはその規定的な客体との関係を失う。それにより、美的なものは無対象に進行する、すなわち経験の対象とのあらゆる関係なしに進行する、曖昧な力の自己反省的に生動化された戯れとなるのか?

これまで考察してきた力の美学の立場は、美化のプロセスがいかにして対象に関係づけられるのかを言おうとするならば、困惑してしまう。ズルツァーは、対象について曖昧に、美的自己反省のプロセスを惹起する「快適な欺き」の破壊の「原因」として、語っている(» Energie «, 124)。メンデルスゾーンは、きわめて一般的に、美的表象の対象について否定的にのみ述べている。それが美的自己反省と自分自身における快となるためには、「その客観的なものは、弱められ、遠ざけられ、あるいは副次概念によって和らげられ曖昧にされねばならない」(» Rhapsodie «, 133)と。カントは、力の美学における対象のこの脱落を、表象の美的遂行における能力の「生動化」にとって重要なのは「わたしがこの表象からわたし自身において作るものだけであり、わたしが対象の実存に依存しているところのものではない」(*KdU*, §2: B6)、と特徴づけた。その根拠は明らかである。客体がその再認可能な規定においてそれ自体でもちうるのは、美化のプロセスを生じさせるものにほかならない。というのも、この規定は、まさに美化のプロセスが掘り崩すところの再認の実践においてのみ、客体を獲得するのだから。同時にしかし——そこに困惑があるのだが——、客体関係の規定の掘り崩しは、対象の単なる不在、単なる無対象性を意味しえない。それは、実践的主体の美的な掘り崩しが無私性を意味するのでないのと同様である。規定の実践の美化においては、主体と客体の両要素が一気に変容する。規定の実践の美化が客体の特定の性質によって生み出されえたとしても、それでもそれは対象の「与えられた表象を機縁として」（*KdU*, §9: B31）のみ生じるのではない。曖昧に戯れる力への主体的能力の（遡行としての）変容はむしろ、同時に対象の再認規定をも別種の関係において変容する。美的自己変貌にとって、世界は「機因および機会」（カール・シュミット）のみではない。この自己変貌は美的に変化した対象の経験としてのみ可能だからである。

　それとともに、曖昧なものの美学は、力の戯れを描写として、すなわち対象の（経験の）描写として考えるという課題に直面する。これは、バウムガルテン美学の根底になおも存する伝統的な描写概念の枠内では、不可能である。というのも、描写はここでは認識と結びついているからである。バウムガルテンにおいて、「描写」は表象要素の結合であり、この結合は、定義不可能すなわち「混然」としてはいるが、それでも「明晰」すなわち再認可能な対象の表象を表現する。描写は、規定可能な認識内実をもつのである。この描写概念から、曖昧なものの美学は基礎を奪う。というのも力の美的戯れは再認規定の実践を掘り崩すからである。曖昧なものの美学においてはそれゆえ、「描写」と「認識」

は相互に分離されねばならない。美的描写は認識なき描写、特定の対象なき描写と理解されねばならない。

それとともに、それ自体矛盾として現象するもの——「美的描写」概念における、力の戯れとしての「美的」〔という形容詞〕と、対象の経験としての「描写」とのあいだの矛盾——が、バウムガルテンの認識の美学との決別以来「美学理論 ästhetische Theorie」と呼ばれるものの核を形成する。美学理論とは、美的描写の理論なのである。[74]「美学理論」の根本問題は、それゆえこうなる。力の美的戯れは、いかにして、そして何によって、対象の描写に転化するのか？ また、この転化において対象はわたしたちにいかに現れるのか？ 力の美的戯れに現れるこの対象は、何なのか？ これらの問いは二つの領域に通じているが、そのどちらも美的人間学の視点の彼方にある（そしてそれゆえ、ここでは名指されるだけで詳述はされない）。一つは、美しい（自然）物の美学理論の領域であり、もう一つは美しい（芸術）作品の美学理論の領域である。

（1）力の美的戯れにおいては、表現は表現によって産出され置き換えられる。力の美的戯れにおいてはそれゆえ、何も描写されえない——この戯れそのものを除いては。これが、ヘーゲルからガダマーに至るまで告発されてきた、美的なものの対象なき自己関係性の核である。シラーはこれを、次のように定式化している。「身体の諸器官と同じように、人間の中では想像力もまた、その自由な動きと物質的な戯れをもち、その中で想像力は、形態にはいっさい関係なく、ただ自分の独力と無拘束とを楽しんでいる」[75]。ここからシラーは、力の戯れからの「飛躍」(664)によってのみ、形式とそれに伴って描写が、形態と内実が生じうる、と結論する。力の美的戯れは、突き返し Gegenstoß によって描写するようになるのである。シラーによれば、この突き返しは「まったく新しい力」(同上)によってのみ、すなわち、外からもたらされうる。しかし実際には、この突き返しは美的戯れが向けられるところのものによって生じるほかはない。というのも、美的戯れは、規定の実践に先立つ状態でも隣り合う状態でも超え行く状態でもなく、その〈美化のプロセス〉だからである。美的戯れは規定の実践に向けて、そしてそれゆえ、それに対して、出来する。この実践においては、美的戯れが関わり続ける敵対者がいる。こうした規定の実践と力の戯れとの敵対関係において、美的描写は発火するのである。力の美的戯れは、再認する対象規定に向けられる——ただし、別の規定を代わりにすることによってではなく、この規定そのものを力の表現とし、それによって自らの内で未規定なものとすることによって。それによって対象は美しくなる。美的な戯れは対象を美しい物として示す。美しい物は、力の戯れにおいて未規定なままにされた対象である*。

(2)規定不可能なものとしての美しいものは、規定の実践の美化によって、美的戯れにおいて、描写となる。このことは、美しい物にも美しい作品にも同様に妥当する。芸術作品という美的概念は、規定の実践の美化においてのみ、力の美的戯れにおいてのみ、存在する組成である。美しい作品はしかし、規定の美化のプロセスにおいて示される美しい物と似ているだけではない。芸術作品は、フリードリヒ・シュレーゲルが言うように「自分自身をも表現する」[76]描写である。その際に芸術作品が自分自身についてともに描写するものとは、自らを描写する美化のプロセスである。すなわち、規定の実践とその能力から力の戯れへと向かうプロセスである。美化のこうした共描写 Mitdarstellung は、自ずと美的に生起する。それは、言い表されることによってではなく、引き出されることによってである。芸術作品は、描写を美化することによって、美化を描写する。美化の、すなわち規定する実践から力の戯れへのプロセスの描写として、描写はその際つねに、規定する実践の描写そのものでもある。その中ですでに力の戯れが作用しているのを見るような、規定する実践の描写なのである。――芸術作品は、美的に見れば、複雑な描写操作である。芸術作品は、三重の描写である。(a) 美しい物と同様、美しい作品は力の美的戯れにおいて自らを描写する。(b) 美しい物と異なり、美しい作品は自らを描写する美化のプロセスを描写する。(c) 美しい作品は、それゆえ同時に、規定する実践の新たな変化した描写であり、その美化の掘り崩しがそれを (共) 描写する。

＊ 「美学の逆説は、対象から美学へと口述されている。「美はおそらく、物の中の未規定なものを盲目的に模倣することを要求する」」(Adorno, *Ästhetische Theorie* [本書注35を参照] S. 113 〔一二四頁〕. 引用はヴァレリー「続ロンブ」より)。

第五章　美学――哲学の論争

バウムガルテンの『美学』の第一段は、デカルトが打ち立てた「感性的なもの」の領野を肯定的に、特殊かつ正当な認識形式すなわち感性的認識 *cognitio sensitiva* の領野として、把握するという企図を定式化している。「美学（自由な技術の理論、下位認識論、美しく思惟する技術、理性類似者の技術）は、感性的認識の学である。」これにより、バウムガルテンは理論 *theoria* と技術 *ars*、考察と指導とをつなぎ合わせようとしただけではない。『美学』第一段は、さらに綱領として、「下位」認識すなわち「理性類似者」を「自由な」技術と「美しい思惟」とに結びつけようとする。美学が考察かつ指導しつつ目指すのは、感性的理解と描写一般ならびにその特殊な技巧を凝らした特殊な遂行あるいは美しい遂行である。美学は、芸術および美しいものの特殊理論を一般認識論と統合するのである。

この結合は、バウムガルテンの哲学的美学の構想にとって根本的なものである。それは、哲学的学科としての美学の運動法則、すなわち哲学的な分野を動かし続ける、特殊なものと普遍的なものとの弁証法である。ライプニッツが（『認識、真理、観念についての省察』において）「画家やその他の芸術家」を、何かを定義しえずとも知りうるという主張の典拠として引き合いに出したように、それを通じて芸術がわたしたちに開かれるところの美的訓練はバウムガルテンに、感性と知性との合理主義的対立が、因果的機械論と固有の活動との対立としては、誤りであるということ（そしてそれはなぜか）を教えている。というのも美的訓練はわたしたちに、自分たちが感性的なものにおいて「主体」であるということ（そしてそれはいかにしてか）を教えるからである。それによって芸術的実践についての熟考は、この時代の哲学的に分節化された自己理解を、その基本要素から覆す。バウムガルテンは美学を、支配的哲学の批判として、自由な技術と美しい思惟の反省を通じて実践しているのである。

美学を感性的なものの普遍的理論と芸術および美の特殊的理論との弁証法的連関として構想しうるための前提は、バウムガルテンがその美学の入口においてその全領野を「感性的認識」の領野と同一視していることにある。普遍的なものと特殊なものとの美的弁証法は、同質の美的領野の内でのみ、展開されうる。これに対して、曖昧なものの美学において力と能力とが区別されることは、美的なものを特殊な感性的認識としてではなく、――ヘルダーがそう定式化したように――感性的認識に対する、カテゴリー上別の「種」として理解することにつながる。これにより、曖昧なものの美学においては、「バウムガルテン流の」美学において感性的なものの普遍理論と芸術および美しいものの特殊理論とを統合する弁証法的連関も、解消される。

しかし、曖昧なものの美学において、何がこの弁証法の代わりとなるのか？　そして、何が普遍的なものと特殊なものとの美的弁証法に基礎づけられていた批判——芸術への反省を通じた支配的哲学への批判——の代わりになるのか？

完全性から自己確認へ

バウムガルテンの『美学』が展開した、感性的認識の一般理論と、自由な技術あるいは美しい思惟の特殊理論との弁証法は、範例性 Exemplarizität の法則に支配されている。美しい思惟と自由な技術においては、あらゆる感性的認識の根本性質が範例的な姿で実現されている。そこで感性的なものの美しい形態、あるいは自由な形態が「範例的」であるというのは、二重の観点においてである。〔第一に〕それらは、実例であると同時に実例を与えるのである。〔第二に〕それらは、高められたかたちの感性的認識であるがゆえに、感性的認識を一般に示す。それらは「完全な」感性的なものである——不完全な、日常的な感性的なものとは異なって。*感性的なものの日常的な形態も、その普遍的規定に服してはいる。しかし、完全な感性的なものと異なり、感性的なものの日常的形態はこの普遍的規定を示すことなく、むしろ覆い隠すのである。

感性的なものの完全な形態において、〔すなわち、〕自由な技術と美しい思惟において、わたしたちに感性的なもの一般の現実性を別様に見せるような、ある――高められた――感性的なものの可能性が示される。それゆえ、この現実性はこの可能性を自らの内に含んでいる。感性的なものの日常的な遂行も、実際のところはかの特殊な、美しい、あるいは技巧的な遂行とまったく同じである（もしくは、まったく同じになるべきでさえある）から、ではなく、感性的なものの特殊な、美しい、あるいは技巧的な遂行が日常的な遂行との区別を通じて、一般的であるがゆえに日常的遂行にも妥当する感性的なものの根本特徴をわたしたちに対して一般に示すからである。この特徴は、感性的把握と描写の内実の定義不可能性に存する。感性的把握と描写の特殊な、技巧的な、あるいは美しい形式が存在すること――そして、まさにこの形式が自らの対象をその「質料的完全性」（*Ästhetik*, §561）において相応しく把握し描写すること――は、範例的な仕方で、不定性（すなわち「混然性」）と認識技能（ないし「明晰性」）との結合を示しており、それが感性的なものを一般に構成する。感性的なものの美しい、あるいは技巧的な遂行が「範例的」と呼ばれうるのは、それが感性的なもののこの根本規定を尋常ならざる高められた仕方で――すなわち、驚くほど新しいものの開拓と描写のために**――利用し、それによって同時に感性的なものの根本規定として、それゆえまたその日常的な形態の根本規定として、示しているからである。

範例性は三層構造をなしている。それは感性的なもの一般と、その非対称的な両面すなわち感性的なものの日常的な形態と完全な形態とを包括する。ヘルダーはバウムガルテンに対して、曖昧なものとしての感性的なものの種差に固執することで、こうした範例性の構造をも解消しているのである。それゆえ、感性的認識能力の美学から曖昧な力の美学への歩みは、自由な技術と美しい思惟という、感性的なものの範例的な姿を別様に規定する点にだけ、存するのではない。というのも、曖昧な力の戯れの開陳としての美的なものは、もはや普遍的なものの特殊なものではない——感性的認識一般の根本規定の範例的で、それゆえに完全な現実化ではない——のだから。美的なものはむしろ、感性的認識の実践的能力が戯れ始めるよう変貌し高められるという、美化のプロセスに存するのである。それゆえ、力の美的戯れにおいて感性的認識の実践は、日常的な仕方で現実化するのでもなければ完全な仕方で現実化するのでもなく、そもそもまったく現実化しないのである。力の美的戯れにおいては、それゆえまた、いかにして感性的認識の実践一般が著されるかが示されることもない。力の美的戯れ

* 「さて、描写は完全または不完全に生じうるので、後者は**普遍的修辞学**を、一般に感性的表象をいかに不完全に描写するかの学として、教える。前者は**普遍的詩学**を、一般に感性的表象をいかに完全に描写するかの学として、教える。[…]哲学者は、これらを一般に輪郭づけて特に詩学と単純な雄弁術との間に正確な境界線を引くことに従事すべきであろう。両者はただ段階的にのみ異なるが、それでもわたしたちは、ここかしこで許された範囲を定めるに際して、フリギア人とミュシア人との境界ほど小さい幾何学を必要としないと思うのである。」(*Gedichte*, §CXVII)

** 「今述べた類似法の種類は弁論を飾り、崇高で、花やかで、快い、驚嘆すべきものにする。なぜなら、何であれ遠くから求められれば、それだけ一層新しさをもたらし、予期せざるものだからである」——と、バウムガルテンはクィンティリアヌス(『弁論家の教育』8.3.74)を引用している(*Ästhetik*, §741)。

は、感性的認識の実践にとって例示するものでも範例的なものでもない。それは、感性的認識の実践からまったく別のものを作るのである。

バウムガルテンの三層構造の範例性言説においては、「感性的なもの（一般）」のカテゴリーは、感性的なものの日常的な形態と技巧的な形態とを分離する完全性のさまざまな度より高いところにある。力の美学は、この関連を破砕する。力と能力が異なる類であって同一の感性的なものの種ではないならば、曖昧な力が美的に現れる際に力と能力に共通のものが「範例的」に示されうるわけでもない。にもかかわらず、曖昧な力が美的に現れる際には、何かが示されるのである。曖昧な力の美的戯れはその美化によって実践的能力から、そして実践的能力に対して、開陳されるがゆえに、わたしたちは曖昧な力の美的戯れを通じて自らの実践的能力を別の新たな仕方で経験する。力の戯れの美的経験は、変貌する自己経験の――固有の実践的能力が変貌した経験の――媒体である。

力の戯れの美的経験が自己経験の媒体であるということを、すでにメンデルスゾーンは、バークの崇高なものの現象学の痕跡をとどめつつ、述べていた。能力の力への変貌、――ズルツァーによれば――「感動（*emotion*）」への置換は、快それ自体の感情と、生き生きとした感動の固有の状態と、結びついている。ここにメンデルスゾーンは、美的に快い自己経験を境界づけている。美的快はただ、生き生きと戯れる力の状態の中にわたしたちがいるという経験から生じる、というわけである。これに対しカントは『判断力批判』において、美的に快い自己経験を、それを超えて力への生動化を享受する実践的能力に回帰する、と解釈している。すなわち、曖昧なものの美学に引き続いてカントも、美と芸術の遂行を感性的認識という広範な領野のうちに位置づけるバウムガルテンの分類と決別している。表象の特に「美的」と呼ばれる遂行方式は、認識するものでも規定するものでもなく「反省する」ものである。これをカントはさらに、美的反省においては「両能力（構想力 Einbildungskraft と悟性 Verstand）が未規定ではあるが与えられた表象を機縁として一致する活動へと生動化すること」（*KdU*, §9; B31）が生じている、と説明する。美的遂行において、わたしたちの力は「自由な戯れの中で」（B28）「生動化」されている。そうして美的快は、それによってわたしたちの認識力の生動化を「意識する」（B30）仕方として規定されうる。すなわち、わたしたちは美的反省において、そこにおいてわたしたちが「もたらす」美的快を通じて、自分自身を、自分の力が自由な美的戯れにおいて生動化され高められた状態を意識するのである。美的快は、「相互調和によって生動化された、心の二つの力（構想力と悟性）の軽やかな戯れに存する、作用の感覚」（B31）である。美的快は、ある自己関係の——ただし「美的に単なる内官と感覚を通じて」であって「知的にわたしたちの意図的活動の意識を通じて」（B30）ではないような——媒体である。

なにゆえわたしたちは自らの力の生動化を快とともに経験するのか——なぜ不快とともにではないのか——という問いに、メンデルスゾーンは循環的な回答しか与えられなかったし、与えようともしなかった。このことは、生動化における快を別の何かから説明するような回答を与えていないも同然である。わたしたちが自らの力の生動化において快をもつことは、わたしたちがこの生動化を何か善いものとみなし、これを肯定していることを示しており、そしてこのことはわたしたちに、自らの魂が一見すると動かされ生動化されることを「憧憬する」ことを示している。力の生動化は快に満ちている。生動化はわたしたちの力の「本質性」を構成するのだから。* これに対し、美的快の源泉への問いへのカントの回答は、実際の回答である——それは説明を与えている。美的快の源泉は、わたしたちが自らの力の美的生動化における快の中で自分自身について経験するものに存する。というのも、そこでわたしたちが自分自身について経験するものは、カントによれば、わたしたちが実践的能力をもっている、ということだからである。それゆえ、美的生動化の快において表現されているのは、その根拠をわたしたちの力そのものの「本質性」にもつような自己肯定、ということは、独立した根拠をもたないような自己肯定だけではない。むしろ、カントによれば、わたしたちの力の美的生動化の快においては、わたしたちの力が事実実際に能力である、ということが表現されているのである。それは、実践的主体の自己確認の快である。

　カントは美的快の源泉への問いに対するこうした回答を、美的な快に満ちた自己関係性の対象は「構想力と悟性が（認識一般に必要なこの両者が相互に調和している限りで）自由に戯れているという心の状態にほかならない」ということによって、基礎づけている。というのも、相互に調和するこの両者は「**認識一般**にとって適切な主観的な関係」なのだから（*KdU*, §9; B29）。構想力と悟性というわたしたちの認識力は、協働することによってのみ、認識能力を形成する。認識が存在しうるためには、構想力は直観の多様を悟性の概念が適用されうるような統一へともたらさねばならない。構想力と悟性にあるのは、異なるカテゴリーに属する操作形式であり、その結合が認識の可能性の条件である。すなわち、二つの力は結合可能でなければならないのである。これが認識の「主観的条件」であり、この条件が満たされていることを、わたしたちの力が自ずから相互に適合していることを、わたしたちは自らの力がその美的生動化において「調和する」ことにおいて経験する。カントによれば、二つの力が相互に同調するという経験は、美的快に基づいている。

「純粋美的判断の演繹」は、カント美学のこの中心的思考を次のように要約している。すなわち、美的趣味判断は、

---

* 「**定理53**　精神は自己自身とその活動能力を観想する時に快を感覚する、自己自身とその活動能力を想像において規定的に表象すればするほど」。

というのも、

「**定理54**証明　努力ないし威力 Macht は精神の本質性そのものである［……］。ところが精神の本質性は（それ自体で明らかなように）精神がそうでありそうでありうるもののみを肯定し、そうでなくそうでありえないものを肯定しない」からである。

それゆえまた、

「**定理55**　精神は自らの無力を想像において表象する時、まさにそれゆえに不快をもつ」(Spinoza, *Ethik* [本書注10を参照], Teil III, S. 336–339.〔『エチカ』畠中尚志訳、岩波文庫、上巻二二五—二二六頁〕)。

判断一般の主観的形式的条件にのみ基づいている。すべての判断の主観的条件は、判断する能力そのもの、すなわち、判断力である。ある対象がそれによって与えられる表象に関して使用されるということは、二つの表象力の調和を必要とする。すなわち、（直観とその多様の合成のための）構想力と（この合成の統一の表象としての概念のための）悟性の調和である。ところで、ここでは客体についての概念は判断の根底にないので、この判断は、総じて悟性が直観から概念に到達するという条件の下に、（それによってある対象が与えられる表象において）構想力そのものを包摂することにおいてのみ、成立する。すなわち、構想力が概念なしに図式化するという、まさにこの点に構想力の自由は存する。それゆえ趣味判断は、**自由**のうちにある構想力と**合法則性**を持つ悟性とが相互に生動化することとの単なる感覚に、すなわち、対象を（それによってある対象が与えられる）表象の合目的性に即して自由に戯れる認識能力の促進のために判定させるような感情に、基づかねばならない。（*KdU*, §35: B145f.）

美的快は経験に由来する。それはつまり、わたしたちは認識することができる――〈できること〉ができる、実践的能力をもつ、という経験である。カントによれば、力の美的生動化が実践の行使を妨げるのは、主観に実践の行使の能力をもつという経験をさせるためのみである。規定しない美的反省における認識力の状態は、それが認識における規定的使用に適していることの証左である。

こうした議論は、認識力の「生動化」からその「調和」への移行に隠れている、ある決定的前提を作り出す。両者は、カントにとっては同じものであるかのようである。美的快は「相互調和によって生動化された二つの力（構想力と悟性）の軽やかな戯れに存する、作用の感覚」（*KdU*, §9; B31）である。しかしカントには、認識力の生動化は必然的にその調和を含まねばならない、という単なる主張が残されている。カントはそのための論証をしていないし、実際にそのような論証はない。逆である。（カントがそのバウムガルテン批判において踏まえている）曖昧なものの美学に従うならば、力の生動化はその高められ速められた「運動」に存するが、その運動は規則に従うものではなく、それゆえ他の力の運動と一致ないし調和しない。というのも、一致ないし調和しうるには、力は規定されねばならないからである。力の美的生動化ないし増大はしかし、まさにその規定のすべてを踏み越えていくことに存する。[77]

このことが示しているのは、美的快についてのカントの説明には矛盾が隠されている、ということである。美的反省を表象力の「生動化」と記述することで、カントは曖昧なものの美学とともに、美的なものが明晰な認識の一形式でもあるとするバウムガルテンの規定を反駁しようとしている。だが、次いで美的生動化を認識力の「調和」の経験として記述する時、彼は曖昧な力の戯れとしての美的「運動」の理論を再び取り下げてこれを能力とその実践の論理に従わせている。〔いわば〕ケーキを食べ、かつ、保存しようとしているのだ。一方で彼は、美的なものを規定する実践にとって他なるものとして規定する。そのために彼は曖昧なものの美学に従う。美的なものは、あらゆる実践的能力を超えた力の「生動化」である。他方で美的なものは、能力、実践、主体の論理と対立しない。力の戯れの美的解放がもたらすのは、それがその本質上実践的能力であるという経験にほかならない。美的なものは実践の中断であるが、それは実践における断絶を意味しないのである。

　それゆえカントの見方では、美的な快経験と哲学的な認識も一つの対応関係にある。美的経験と哲学的認識とは、自己反省の二つの仕方である。カントによれば、両者はその媒体において異なる。美的な自己反省形式は感覚するものであり、哲学的な自己反省形式は認識するものなのである。しかし両者は、カントによれば、その内実において異なるのではない。美的反省においてわたしたちは、自分が認識しうることを感覚しつつ経験する。というのも、まさに美的反省の生動化された自由な戯れにおいてこそ、わたしたちの力がその本質からすると能力であり、それによってわたしたちが規定する実践を実行しうることが、わたしたちに示されるというのだから。しかし、まさにそれが、わたしたちの実践的能力が、哲学的認識の対象をも形成する。哲学で重要なのは、成功する実践の可能性条件である。それゆえ、わたしたちが美的な快感覚において経験するものは、カントにとってはわたしたちが哲学的に認識するものと同一である[78]。美的な快感覚においてわたしたちに示されるのは、わたしたちが哲学において洞察するものである。それはすなわち、わたしたちが認識の能力をもつということ（なぜなら構想力と悟性は自ずから調和するのだから）、わたしたちが主体であるということ、である。

しかし、「生動化」と「調和」という、認識力の美的状態についてのカントの二重の記述がジレンマの表現であるとすれば、〔すなわち〕ケーキを食べることと保存することとを同時にはできないとするならば、カントの議論が目指している美的自己経験と哲学的自己認識との統一も崩壊する。両者の争いが――新たに――始まる。

新旧の争い

プラトンは『国家』(607b)において「哲学と詩作術とのあいだの争い *diaphora*」について述べている。しかも、彼はすでにこの争いを「古い」ものだと言っている。哲学と詩作術とのあいだのこの古い争いは、知への権利をめぐるものである。プラトン以前に、プラトンにおいて、そしてプラトン以後も長く、哲学と詩作術は知恵すなわち善をめぐる知の座をめぐって争ってきている。[79] どちらの側も、自らだけが実践的な知を善き生に役立つような最高のかたちで扱えると主張している。またどちらの側も、他方がその手段でこの要求を果たしうることを疑問視している。哲学は詩作について、それがそもそも何も知らないのではないかと疑い、詩作は哲学について、哲学が知っていることは実践的には役に立たないのではないかと疑っている。たしかに「そもそもの最初からすべての人はホメロスにしたがって学んだ」とクセノパネスは言っている。しかし「まことに神々ははじめからすべてを死すべき者どもに示しはしなかった、人間は時とともに探究によってより善きものを発見して行く」[80]。詩作は何も知りえない。というのも、詩作は探究 suchen しない、すなわち、考察 *untersuchen* しないからである。これに対して詩作が答えるところによれば、哲学的な知の探究は、それがまったく危険でないならば、笑いものである。哲学は、わたしたちの行為を導きうる知を獲得しえない。哲学者は、喜劇か悲劇の登場人物なのである[81]。

この古い争いは、両者があれやこれやの異論に疲弊して別の仕方で理解され始めたとき、二重の終結を見る。それは、実践の成功を促進させうることを、ましてや、それを保証しうることを、芸術も哲学ももはや要求せず、実践を反省するときである。すなわち、芸術も哲学も、実践の反省形式と理解される時である。これが浮き彫りになり始めるのは、バウムガルテンが自由な技術と美しい思惟を感性的なものの完全な形態と規定し、この規定を、感性的なものとはそもそも、その不完全で普通の形態においても、何であるかを示すことと結びつけるときである。同時にしかし、このことによって、バウムガルテンにおいてはなお、美的なものにおける感性的なもののしるしはその改良、その完全化と結びついている。これに対してカントは、芸術を含む美的なものを、普通のものの反省的経験の媒体と規定する。美的なものと普通のものとの差異において、普通のものとは何かが示される――普通のものの完全化を要求することなしに。カントの意味での美的なものとは、実践の改良のモデルではなく、その反省の媒体なのである。

このことは、その滑稽さや危険性への洞察から知恵への要求を放棄し反省的になる哲学にも妥当する。それにより、哲学はもはや善をめぐる知の唯一ないし最高の形式としてではなく、善の形式をめぐる知〔の一つ〕として自らを理解するようになる。それは、哲学が善や実践の成功への問いを放棄する、ということではない。この問いを別の仕方で提起しているのである。つまり、実践の成功がどこに存するか、ましてや、存すべきか、という問いではなく、実践的成功が実際に生じていることをわたしたちはいかに理解しうるか——すなわち、実践的成功がいかにして可能か——という問いの提起である。わたしたちが真の認識に到達すること、納得のいく基礎づけをすること、正しい決定を下すこと、善い行いをする——善い行いをすることができる——ことは、いかに理解されるべきかと、哲学は問う。哲学は、実践的成功の可能性の条件を問い、そのために、わたしたちを主体に、実践をなしうる参加者にする能力を考察する。哲学的反省は、主体の自己反省となる。自らを主体と認識することの、成功を可能にする自らの能力の、自己反省となるのである。

哲学と詩作ないし芸術は、知恵への要求を断念する際に変貌する。その際の実践の二つの反省方式の関係への問いに、カントは二重の回答を与えている。媒体においては相違し、内実においては同一である、という回答である。哲学的反省は、能力と成功との対応を考察するが、この対応が実践の概念を定義する。そして、美的経験においては、力の自由な調和という、この対応の「主観的条件」が現れるが、この力は、実践的遂行においては能力として協働するのである。〔しかし、〕哲学的反省方式と美的なそれとをくくるこの二重の回答は、うまくいかない。なぜならカントは、「調和」という定理を自らの美学の現象学的基盤、すなわち、バウムガルテンの曖昧なものの美学から借用している力の美的「生動化」の記述から裏づけることができていないからである。それゆえ、美的なものの反省性は、そしてそれによって同時に美的な反省形式と哲学的反省形式との関係は、カントが行っているのとは別の仕方で把握されねばならない。こうして、哲学的反省方式と美的反省方式とは、その媒体においてのみならず、両者が思い描く実践像においても相違することが示される。しかし、それは実践という同一のものの像なので、両者はこの相違をめぐって〔やはり〕争うのである。

今や哲学と美的なものとのあいだで繰り広げられるこの「新しい争い」は、一致と矛盾との争いである。すなわち、実践の中心で支配しているのは一致か矛盾か、ということをめぐる争いである。成功の可能性条件を問い、能力の概念によってこの問いに答える哲学的反省は、それゆえ一致の思惟である。すなわち、能力と成功との、力能と善との一致の思惟である。というのも、能力の行使は実践の現実化の成功にあるからである。それゆえ、哲学的反省が「発見」するのは、能力と成功とのあいだで（さらに、わたしの能力と君の能力とのあいだで、つまるところ、わたしの能力と君の能力とわたしたちの能力とのあいだで）一致が支配しているということではない——この一致があたかも別様でもありうる経験的事実であるかのように。哲学はこの一致を、わたしたちが自らを主体として、わたしたちの行為を実践として把握する際につねに前提するようなものとして、示すのである。

これに対して力の戯れを美的に経験することは、わたしたちの内に「無条件のものと条件づけられたものとの未解消の争いの感情[82]」を喚起する。このことはさしあたり、生動化された力と美的戯れにおけるその表現との関係に当てはまる。力が存在するのは、それが作用し表現を産出する限りにおいてである。力の作用はしかし、それが「曖昧」なものと理解されるならば、つねに先行するものからの表現の産出である。表現を産出するとは、力の美的戯れにおいて表現を踏み越えることである。それゆえその作用において、力はつねにそれが産出する表現と矛盾する。美的な力とは（シュレーゲルの言葉で言えば）「無条件」である、なぜならそれは、基本的に過剰だからである。このようにしてわたしたちは、力の作用を美的戯れにおいて経験するのである。わたしたちはしかし、力の美的戯れを同時に、それが美化すなわち能力の遡行的・再帰的転換のプロセスによって主体の実践から発するものとして経験するので、矛盾という美的「感情」は、この実践にも及んでいる。その美化すなわち力の戯れの展開において解放され、そればかりか猛威を振るうような矛盾が主体の実践に隠されていることを、わたしたちは美的に経験するのである。こうして、美的なものにおける実践はわたしたちに対して現れる。力と表現との相克を自らのうちにすでに含んでいるものとして。

哲学と美的なものとの、こうした「新しい」争いは、以下のような三つの命題にまとめられよう。

（1）哲学的反省は、その中で能力と成功とが相互に合致するような実践の像を描き、美的なものは、実践において力と表現との相克を明らかにする。

（2）哲学は能力を成功の根拠 Grund として考察し、美的なものは力をその表現の深淵 Abgrund として経験する。

（3）哲学は実践の理性を展開し（理性は成功させる能力の総体なのだから）、美的なものは力の陶酔を解放する（陶酔は力が自由に作用している状態なのだから）。

＊

内容的に哲学と美的なものとは、実践の反省方式として、対立関係にある。両者の争いはしかし、すでに決定されたのでなければ、容易に避けられうる。というのも、両者がそれぞれに対置するもの——能力と成功との一致と、力と表現との相克——は、たしかに実践という同一のものに関わりはするが、しかしそれは哲学的熟考という態度か美的経験か、その都度異なるからである。美的経験が哲学的熟考に立ち入り、哲学的熟考が美的経験に関係するときにのみ、両者のあいだにくすぶっている争いが表面化するのである。

これが美学に起こっていることであり、これが、哲学と詩作との古い争いと、哲学的反省と美的反省との新しい争いとのあいだに、第二の相違をもたらしている。第一の相違は、争いの両面をどう理解するか——誰のあいだに争いが生じるのか——という点にある。第二の相違は、争いの場はいかに規定されるか——どこで争いが生じるか——という点にある。プラトンが語った、哲学と詩作術との古い争いは、たしかに哲学の最奥に関わる——というのも、それは哲学の自己理解に関わるからである。しかしこの古い争いは、哲学を定義すべきものではない。詩作との争いは、哲学がその自己理解を得るのを手助けすべきだが、だとすれば、詩人追放を思い描いたプラトンが望んだように、この争いは終結せねばならない。これに対して、哲学の美的なものへの関係は、美学によって、哲学の内に到達する。このことは（バウムガルテン『美学』§6の定式により。本書一一五頁以下参照）、美的なものは考察に「値する」哲学の対象になる、と記述された。ただし、美的なものは哲学の単なる対象ではありえない。というのも、美的なものは、哲学的反省方式とは逆方向の実践の反省方式なのだから。それゆえ、美学として美的なものに向くことにより、哲学はそれ自体の哲学的反省方式とは相克する実践の反省方式へと反省を向けるのである。美的なものは、哲学の対象であると同時にその敵対者でもある。かくして、哲学的反省方式と美的な反省方式との争いが、美学によって哲学へともち込まれるのである。

　美学は美的なものの哲学である。美的なものの哲学として、美学は実践の美的反省へと向けられ、実践的能力がその美化を通じていかにして曖昧な力へと変貌するのかを跡づける。だが、美学はそれを哲学として行うのである——単に美的経験においてでも、あるいは美的批判としてでもなく。美学は美的生起を示すのみならず、美的生起の思惟〔そのもの〕なのである。美的生起はしかし、哲学が実践的遂行を考えるようには考えられえない。実践的能力から曖昧な力への変貌はやはり、実践的能力の行使を通じては生じない。実践の美化のプロセスは実践ではない。ゆえに哲学は、ここでもまた、成功を保証する能力を問うことはできない。哲学は、美学となって美的なものに向けられることにより、哲学的思惟の形式そのものを問題化する何ものかに向けられる。美学を通じて、哲学の概念が変化するのである。この変化は（ヘルダーに倣いニーチェをにらんで）、哲学は美学を通じて、すなわち、美的な出来事を経験したり批判的に提示したりするのみならず思惟する試みを通じて、系譜学となる、という仕方で特徴づけられるのである。

美化のプロセスは、実践的能力を曖昧に戯れる力に変貌することに存する。同時にわたしたちに、このように変貌する美化は、それゆえそれは美的なもので（も）あるのだが、「反省方式」すなわち実践的能力を別様に示す。すなわちそれは、実践的能力が曖昧に戯れる力へと移行するさまを示すのである。重要なのは、能力から力への、このように美的に経験される移行を哲学的に理解することである。こうして、哲学は系譜学となる。その中心的な主張は、こうである。実践的能力はつねに、曖昧に戯れる力へと移行している、なぜなら、それは今なお曖昧な力から生じているからである。曖昧な力は、実践的能力がそこへと移行する実践的能力にとって他なるものであるだけではない、なぜなら、曖昧な力は他なるものとして同時に、実践的能力がそこから生じてくるその端緒であるのだから――

あるいは、実践的能力の端緒であるがゆえにのみ、曖昧な力は実践的能力の他なるものなのである。曖昧な力が存在したところでのみ、実践的能力は生成しうる。曖昧な力が実践的能力を可能にするのである。

美化を思惟するなかで系譜学となる哲学は、能力を二つの可能化関係の交差点として記述する。すなわち、実践的能力による成功という可能化と、曖昧な力による実践的能力自体の可能化である。能力は実践的成功の可能性条件であり、力は実践的能力の可能性条件である。その際しかし、「可能化」と「条件」が意味するものは両関係において少し異なっている。能力は実践的成功を保証する。能力の行使は実践の遂行の成功である。それに対して力は、その作用において力学の法則に対する遊隙と、能力を行使しながら養成することを同時に可能にも不可能にもする生の目的を、開示する。〔83〕曖昧な力の戯れの本質的未規定性は、人間を機械論的法則および生物学的目的の支配から解放し、それによって人間を「ある異他なるものの感官」（ヘルダー）の刻印を通じて能力の主体にする。同時にしかし、曖昧に戯れる力の本質的未規定性は、人間を能力の主体（としての自己自身）と同一視することを阻害する。実践的能力が自らにとって他なるものすなわち曖昧な力から生まれることは、能力に書き入れられたままである。つまり、能力に他なるもの、すなわち、そこから、それに対して能力が生まれるところの曖昧な力が、書き入れられたままなのである。それゆえ、能力の起源を曖昧な力から系譜学的に洞察すること——能力が可能にするものは、同時に能力を不可能にもする、と洞察すること——

は、能力がいかにして行使されるのかについての哲学的理解をも変化させる。すなわち、実践とその成功とは何かについての哲学的理解をも変化させるのである。

系譜学的哲学において美的な出来事を思惟することは、実践の概念を変化させる。能力に、そこから、それに対して能力が生まれるところの曖昧な力が、書き入れられたままなので、純粋な意味での能力は存在しない。その論理学とエネルギー論が「能力」「実践」「主体」といった形式規定によってすべて把握されうるような遂行は、存在しないのである。わたしたちは、「能力」「実践」「主体」の形式を規定することによって遂行を解釈するときはつねに、「力」「戯れ」「人間」といった逆方向の概念を使用せねばならない。「能力」「実践」「主体」といった概念の使用は、それとは逆方向の「力」「戯れ」「人間」といった概念を結果としてもたらす。わたしたちが能力と呼んでいるものは、まさしくそう呼びうることによって、能力と力とに分裂するのである。

美的な出来事の哲学的思惟は、実践的能力の系譜学的理解に至り、それによって哲学的考察の綱領を定式化する。この綱領は、人間の実践のあらゆる領域において、能力が能力と力へと自己分裂することを探り出し、人間の実践のあらゆる領域においてこの分裂がいかなる特殊な形態をとるのかと問うことを要請するのである。〔84〕

第六章　倫理学——自己創出の自由

美的なものの「倫理的かつ政治的な意義」はどこにあるのか？[85]「わたしたちの音楽のための文化を発見するという問題！[86]」の解決はどこに存するのか？　ここで言われているのは、「わたしたちの音楽」に合致する文化、すなわち芸術というわたしたちの美的実践および美的理論に合致する文化、美的な芸術に対応する文化——美的文化——はいかなる性状を帯びるものでなければならないか、という問題の解決である。美的なものを哲学的に思考するとは、ニーチェにとって、自らこの問いを立て、この問題に向かうことを意味する。なにしろ芸術を美的に営み考察するということは、芸術という分野に制限されない事柄なのである。美的なものは、もっぱら芸術にだけ該当しうるわけではなく、芸術にだけ該当するべきでもない。芸術という美的実践と美的理論は、文化を変化させるのであり、個々人の（「倫理的」な）生の営み方や公共体の（「政治的」な）生の営み方を変化させるのである。

「芸術についてのニーチェの省察は［…］伝統的な軌道の上を走っている。この軌道の特質は、「美学」という名称によって規定されている。」(*Nietzsche*, I, 91〔『ニーチェI』一一一頁〕) ハイデッガーは正しくもこのように述べたが、とはいえそれは誤った理解の仕方においてであった。芸術に関するニーチェの理論――『悲劇の誕生』がまずもって展開し、後に自己批判を行いながらもニーチェがその根本特徴に固執し続けるような芸術に関する理論――は、用語法についての意図された異様さのすべてにもかかわらず、彼自身の発明ではない。この理論は、バウムガルテンとカントのあいだに見出される曖昧なものの美学についての断片的試みの洞察に再び定式を与えるものであり、この洞察を再び取り戻すものであるのだ。ニーチェの初期の著作の比肩されえない意義は、この著作が何かを最初に述べてみせたという点にあるわけではない。その意義は、ニーチェが、観念論哲学による自己確信の綱領のなかでなされた曖昧なものの美学を自分のものにしてしまう試みに――カントとともに始まるこの試みに――反対し、この曖昧なものの美学がもつもともとの洞察に再び定式を与えているという事実に、そしてまたこの洞察に再び定式を与えるその仕方にこそある。というのも、この再定式化においてはじめて、曖昧なものの美学のもともとの洞察が何を意味しているのかが際立って明らかとなるからである。すなわちニーチェは、曖昧なものの美学を、単純に美しいものの理論や諸芸術の理論として取り戻すのではなく、むしろ倫理的かつ政治的な意義が、そして文化的な意義がある人間の規定として、取り戻している。だからこそ「わたしたちの音楽のための文化を発見するという問題」は、ニーチェの哲学の最初と最後に見出されるのだ。そしてだからこそニーチェは、自らの哲学の最初と最後に、同じように二重の方向をとる。つまりニーチェは、認知的実践や道徳的実践に対して、美的なもののカテゴリー上の区別を強調し、それと同時に、これら認知的実践や道徳的実践を変化させる決定的な権力を、美的なもののうちに見出しもするのである。

芸術家から学ぶこと

わたしたちの実践やわたしたちの生を変化させるに至る芸術の権力は、ニーチェにとって――『悦ばしき知識』曰く――「芸術に対するわたしたちの究極の感謝」を根拠づける。芸術抜きには「まったくやりきれない」のだ（*FW*, 107; 3, 464〔一九三―一九四頁〕）。後年、〔『悦ばしき知識』の〕第二版への序文においてニーチェは、彼がここでどのような芸術のことを考えているのかを解説している。それは「崇高なもの、荘重なもの、奇矯なものに対する彼らの熱望をもひっくるめた、教養ある賤民の好むところであるロマン主義的な騒擾や感覚的乱痴気騒ぎのすべて」などではない。むしろそれは「他の芸術――雲もなく天高く燃えたつ白光の炎のように、嘲弄的な、軽快な、翻転する、神的に天衣無縫な、神技のように精妙な芸術」であり「芸術家のための、芸術家だけのための芸術なのだ！」（*FW*, 序文, 4; 3, 351〔一五―一六頁〕）この「他の芸術」なるものは、倫理的かつ政治的な意義をもち、異なる仕方で営まれ考察されるような芸術である。すなわちそれは「芸術家のために」存在しているようなあり方をする芸術なのである。

ニーチェは、ロマン主義的な興奮を引き起こす芸術から自らをこのように区別しながら、今一度、『悲劇の誕生』由来の自律美学の立場を繰り返し述べる。* この「芸術家のための芸術」は、エウリピデスの美的ソクラテス主義もしくはヴァーグナーの文化産業的な総合芸術のように観客に及ぼす効果から計算される「修辞的」芸術とは、対照的なものである。〔87〕「芸術家のための」芸術とはつまり、こうした観客のために存在するものではなく、もっぱら芸術固有の法則にのみ従うような芸術である。ニーチェによる「芸術家のための、ただ芸術家のためだけの芸術である！」という言明はしかし、自律美学の綱領を繰り返すだけではなく、ある本質的な洞察をそこに付け加えている。この洞察が述べるところによれば、美的に自律している芸術は、もっぱら芸術家という人物を通してのみ、倫理的かつ政治的な意義を獲得する。より正確に言えば、美的に自律している芸術が倫理的かつ政治的な意義を獲得することができるための唯一の仕方は、芸術家から学ぶというそのことのうちにあるというのである。「芸術家から何を学び取るべきか」という標題のもと、『悦ばしき知識』はまずもって、芸術家が何を行い芸術家に何ができるのかを探るよう求める。

> こうしたことのすべてを、わたしたちは、芸術家たちから学び取るべきであるし、しかもその他の点では彼らよりももっと賢くなければいけない。というのも、彼らの場合は、こうした彼らの

微妙繊細な力も、芸術が止み生活が始まるところで立ち消えになってしまうのが通例だからだ。わたしたちは、しかし、わたしたちの生活の詩人でありたいと思う。しかも、何よりまず平凡陳腐な日常茶飯事のなかでだ。（*FW*, 299: 3, 538〔三一四—三一五頁〕）

芸術家は、何かを行いそれゆえに何かができる者であるというそのために、中心的な存在となる。芸術家から学ぶとは、芸術家さながらに活動するようになることである——ただしそのことは、別の問いに答えるために、すなわち賢者の問い、哲学的な問いに答えるために、芸術家から学び取られる「力」を利用することによって、もっぱら「もっと賢く」なされるのだという。この問いとは、善き生への問いのことである。

＊　「しかし悲劇的なるものが及ぼす影響をかかる道徳的な源泉からのみ導き出そうとした者は、もちろんこれが余りにも永い間美学における通弊をなしていたのであるが、このことによって美学のために一廉の事を為し遂げたなどとは信じないがよかろう。芸術はまず何よりも純粋さをその領域において要求しなければならないからである。」（*GT*, 24: I, 152〔一九六頁〕）

〈できないこと〉ができること

芸術家は何を行うのだろうか?——もしくは、いかに行うのだろうか?という問いの方が重要かもしれない。芸術家から学ぶという綱領を一番はじめに披露している著作『悦ばしき知識』において、ニーチェは、芸術家を「形式の、音調の、言葉の崇め人」であると規定する。そして芸術家にできること——わたしたちが芸術家から学び取りわたしたちの生に応用すべきこと——とは、「思い切って表面に、皺に、皮膚に、踏みとどまること、仮象を崇めること、形式や音調や言葉を、仮象のオリュンポス山の全体を信仰すること!」であるとする(*FW*. 序文. 4; 3. 352〔一七頁〕)。芸術家にこそできることは、仮象のうちにとどまり続けるというそのことのうちにあり、それは〈できないこと〉にこそある。芸術家は「善く知らないこと」(351〔一六頁〕)ができるのであり、知を求めて仮象を解消してしまうことをせず、純然たる仮象のうちで耐え抜くことができるのである。

『悦ばしき知識』は、芸術家にこそできることを、このような点に限っている。ここで美学は、その言葉の意味において現象学となる。すなわち芸術は「仮象への善き意志」を体現しているのであり、芸術を通してわたしたちは——ここで『悦ばしき知識』は、半ばアイロニカルに『悲劇の誕生』の有名な箇所を引用する——わたしたち自身をも「美的現象」として見るに至るのだ。「美的現象としてなら現存在も、いまなおわたしたちに耐えられる。そして、わたしたち自身をそのような現象と化することのできる眼と手、とりわけ晴れやかな良心は、芸術を通じてわたしたちに与えられるのだ。」（*FW*, 107; 3, 464〔一九四頁〕）こうして芸術家から学び取られる〈できること〉とは、見ることができること、自らを他の仕方で見ることができるということである。すなわち自らを、純然たる仮象として、美的現象として見ることができるということである。このことを学んだ者は、自分自身に対してもなお美的な観照によって距離をとり、そのおかげで「事物に超然たる自由」を獲得する。「自分自身を眺めやったり見下ろしたりすることによって、また、芸術上の距離をとってわが身の上を嘲笑ったり嘆き泣いたりすることによって、しばしのあいだわたしたちはおのれ自身からのがれて休息せねばならない。」（464〔一九四頁〕）このような仕方で自分自身を眺める者は、そうすることで、他の仕方で活動することもできるようになる。その者は、「飄々と漂い、遊び戯れる」ことができるのである（465〔一九五頁〕）。

　この美的な現象学、この仮象論が忘れているのは、他ならぬ『悲劇の誕生』の中心をなす洞察である。それはすなわち、美的仮象は自らに矛盾する何かしらの根拠に由来するのだという洞察である。美的仮象とは、仮象として――仮象へと「弱まる作用をもつ」[88]ような仮象として――経験されている仮象である。というのも美的仮象は、生み出された仮象として経験されるからである。より正確に言えば、美的仮象は、『悲劇の誕生』の洞察に従うと、美的仮象ではない何ものかによって、それどころか美的仮象に対立する何ものかによって――すなわち陶酔のなかで「あらゆる象徴的力が全面的に解き放たれること」によって――生み出される（GT, 2; I, 34〔四二頁〕）。美的仮象は、陶酔がもたらす逆説的な効果である。美的仮象は、陶酔において生み出され、そして陶酔に反対して――陶酔からの「救済」すなわち陶酔からの乖離によって――生み出されるのである（GT, 4; I, 38〔四八‐四九頁〕）。とはいえ芸術は、陶酔とともに解き放たれた力を、仮象を生み出しかつ仮象を解消させる力を、仮象によって経験にもたらすがゆえに、単に「仮象への善き意志」であるだけではない。そう考えると、芸術家にできることというのは、（『悦ばしき知識』がそう理解するように）非現実をもたらす能力や現実的なものを美的現象へと転換する能力としてのみ理解されることはできない。だからこそニーチェは、『偶像の黄昏』において改めて、とはいえここでは別のパースペクティブ――「芸術家の心理学」というパースペクティブ――から、陶酔という自らの概念に立ち戻ることになる。「芸術があるためには、何らかの美的な行いと鑑賞があるためには、一つの生理学的先行条件が不可欠である。すなわち、陶酔がそれである。」（GD, 或る反時代的人間の遊撃〔以下 SU〕, 8; 6, 116〔九四頁〕）

陶酔においては、事物が変化していく。「この状態の人間は事物を変貌させる。」（GD, SU, 9; 6, 117〔九五頁〕）陶酔とは、活動する際の一つの仕方、すなわち事物を「完全なものへと」変貌させる仕方である。「このように完全なものへと変貌せざるをえないということが――芸術である。」（同上）この事態を、芸術的制作についての伝統的理論、「詩学」としての理論は、次のように理解する。事物の完全な姿はその事物のうちにすでに備え付けられており、それは芸術家の行いのもと際立たせられることになる、と。ここで芸術的行いは、何かを産出すること、目的に導かれる仕方で生み出すこととして理解されている。「目的に導かれる仕方で」というのは、活動の遂行において、活動する者にとって自らの活動の根拠として――まさしく目的として――結果が与えられる、ということである。この者が活動するのは、自身の目的を実現するためである。それゆえこの者は、自分が何を行っているかを知っている。というのも、彼が行っていることは、自身の目的を実現することであり、これは彼がそのことを行うための根拠から生じる帰結だからである。だがこれに対して、陶酔のうちでの行いである芸術の完全化のもとでは、行為主体は、自分がそれについて知っておりそれを意志しているような自身の目的を実現しているわけではない。むしろ、陶酔した仕方で活動する者が実現するのは――自分自身なのだ。「この状態の人間は事物を変貌させ、ついには事物が彼の権力を反映するに至る――ついには事物が彼の完全性の反射となるに至る。」（同上）したがって、「美的な行いと鑑賞」が、事物が変貌することに、事物を完全化することに通じているのはたしかである。だがしかし、それによって引き起こされる変化は、芸術家の活動において、そのための実行がなされるものではない。変化は、芸術家の活動の目的ではないのだ。芸術家の活動には、この活動によって根拠づけられかつ主導されるような目的がまったくもって存在しない。芸術家の活動は、芸術家が自らの活動に際してそこにいるような状態を「反映」ないし「伝達」すること（同上 10: 6, 118〔九六―九七頁〕）なのである。

この逆転――芸術的活動が、何かしらの目的の実現である代わりに、活動する者の自己の「伝達」であるということ――は、芸術的活動における主体の状態に対応している。この状態をニーチェが「陶酔」であると記述する際、彼が言わんとしているのは、『悲劇の誕生』におけるように、ここでもまたもや「ディオニュソス的」だと名指される「力の上昇や充満」の状態のことである。

ディオニュソス的状態においては〔…〕欲情組織が総体的に興奮し高められている。そのため欲情組織はあらゆるその表現手段を一挙に放出し、描写、模写、変形、変貌の力を、あらゆる種類の表情術や演劇術を同時に駆りだす。（同上 6, 117〔九六頁〕）

ある主体が目的に導かれる仕方で行為することを、そのうちにこの主体の能力が示されているというように理解するとすれば、わたしたちは主体の行為を、行為する者によって知られている普遍的形式をその都度特殊な仕方で実現するものであると理解することになる（そうだとすると、行為する者は、この形式を視野に入れながら自らに指針を与え、自らを修正することができるだろう）。行為の能力は、本質的に意識的なものであるのだ。これに対してニーチェは、「力」について口にすることで、意識の彼岸（ないしは意識の此岸）に存するある種の働きのことを言おうとしている。この力は無意識的なものである。まさにこの事態を言おうとしているのが、陶酔の概念である。陶酔とは、主体の力がそのただなかで高められ、主体による意識的な統御をも逃れるところにまで至るような状態のことである。あるいは逆の言い方をすると、陶酔においてさまざまな力が解き放たれるという事態はまさしく、目的に向けられた行為における自己意識的な能力という状態が、すなわち力が凝集してしまっている状態が、力によって飛び越えられていくというそのことのうちに存する。だからこそ、陶酔のなかで高められた力という状態のうちにある人間は、本質的に何も為しえないということによって、すなわち「反応せずにはいられないほどに何も為しえないこと（――それはどんな合図にも応じてどんな役割でも演ずるある種のヒステリー患者の場合に似ている）」（同上）によって、定義づけられる。ここで言われているのは、行為できるというそのことを為しえないあり方であり、美的に反応し自らを表現せざるをえなくなるような力としてのあり方なのである。

『偶像の黄昏』においてニーチェは、陶酔を、「美的な行いと鑑賞」のための「生理学的先行条件」と呼んでいる。したがって、陶酔が芸術的な活動の全体というわけではなく、芸術家が全体として（そしてつねに）陶酔のうちにあるというわけでもない。むしろ芸術家には、陶酔との断絶した関係がある。芸術家は、陶酔と戯れる。すなわち芸術の世界が「啓示されるのは、陶酔との戯れにおいてであって、陶酔によって余すところなく呑み尽くされた状態においてではない。わたしたちは俳優のなかにディオニュソス的な人間を、すなわち本能的な詩人、歌手、踊り手を、ただし戯れ演ぜられたディオニュソス的人間としてであるが、再認する」[89]。このことは、ディオニュソス的芸術家を、「ディオニュソス的野蛮人」から区別する（*GT*, 2; I, 31f.〔三九頁〕）。後者の野蛮さは、何かができるということが単に欠けている状態である。ディオニュソス的野蛮は、「虎や猿へと人間が退歩する」ことにある。これに対して、ディオニュソス的芸術家は、分割されている。ディオニュソス的芸術家に特有であるのは、「情緒における奇妙な混合と二重性」である（同上 31f.〔四一頁〕）。芸術家とは、自覚的な能力でありかつ陶酔とともに解き放たれる力である。さらに言えば、芸術家は能力と力であるだけでなく、或るものから他のものへの移行である――そして再び立ち戻る移行である。芸術家は、特有の仕方で何かができる者のことである。すなわち彼ができることとは、できないということである。芸術家は、〈できないこと〉ができるのである〔90〕。

*

芸術家にできるのが、〈できないこと〉ができることであるとすると、芸術家から学ぶとは、学んだことを忘れるという意味になる。それはすなわち「善く忘れること」（*FW*, 序文, 4; 3, 351〔一六頁〕）――自分に何ができるのかを、そして自分に何かができるというその事実を、忘れることができることである。『悦ばしき知識』が芸術家から学び取るよう求めるその「微妙繊細な力」の核心は、『偶像の黄昏』で言われる「美的な行いと鑑賞」という規定に従うならば、芸術家が特有の仕方で〈できる〉

という逆説的な事態のうちにこそ、つまり陶酔をもって自分が力として解き放たれるなかで実践的な能力を下回るかもしくは上回ることができるような能力のうちにこそ、存する。芸術家は――このゆえに美的芸術がもつ倫理的かつ政治的な意義への問いは、芸術家に向かうのだ――他の仕方で活動するための、すなわち、目的に導かれる仕方での行為とは他の仕方で活動するためのモデルである。だがそれは、ある他の仕方で活動するモデルである。芸術家から学ぶとは、ここでは、実践的な世界への参加から逃れて仮象の美的な観照のうちに向かうことを意味するわけではない。芸術家というモデルのもと自らに指針を与えるとは、実践的な事物を「美的現象」と取り替えることを意味するわけではなく、むしろ実践的世界を美的な仕方で変貌させることをこそ意味するのである。

　実践を変貌させるというこの綱領が目指すのは、行いを遂行するための他の仕方である。この遂行の仕方は、行為のモデルに対して、他のあり方をする。「実践を美的に変貌させる」とは、活動することを通して、行為の概念がもつ権力を（そしてまた、目的、根拠、意図、能力、自己意識などといった行為の概念と結びついたさらなる概念すべての権力を）打破することである。芸術家が教えるところによれば、人は、目的に導かれて自覚的に実践的な能力を行使するのとは、他の仕方で活動することができる。行為の此岸ないし行為の彼岸でなされる、他の仕方での活動を性格づけるためにニーチェが用いる表現は、「生」である。芸術家というモデルに従って活動するようになるとは、行為することではなく、「生きること」なのである。

かくして、実践を美的に変貌させることがもつ根本的な特徴は、芸術家のモデルのもと、ある概念上の区別を行うことが学ばれるというところに、すなわち行為することと生きることとを活動の領域において区別することが学ばれるというところに、存する。こうして区別を為しうるということが新しく獲得されるわけだが、その最初の結果は、実践的なものの分野についての新しい記述である。行為の彼岸での活動のあり方が存することを芸術家から学んだ者は、実践的なものがいたるところで、下へ上へと、ほつれて生あるものとなるのがいかにしてかというその消息を見る。実践的なものは、自らの上端においても下端においても同じように、行為という概念のあり方と決別する概念のあり方を要求する。「生」とは――これがこうした美的な新しい記述の結果である――実践的なものの哲学についての最低位の（記述的な仕方での最も初歩的な）概念であると同時に、最高位の（規範的な仕方での最も要求の多い）概念でもある。「生」とは、運動の規定であり、かつ善の規定なのである。

生ある運動

行為の概念という符号のもとで見られた活動の思想は、道徳性にとらわれた思想である。〔91〕行為について何かを口にするとき、それは、ある特定の仕方でさまざまなプロセスを主体のものと見なすことを意味している。すなわちそれは、この主体がとる（意図的な）態度の（論理的な）帰結がこうしたプロセスであると思われるような仕方で、そして主体の態度が一括してこうしたプロセスの根拠を成していると思われるような仕方で、さまざまなプロセスを主体のものと見なすということである。このように捉えられた行為の概念は、これらのプロセスの「原作者」としての主体について語ることを可能にし、これらのプロセスについての責任を主体に帰すことを可能にする。「最も古く最も長つづきのした心理学がここで働いていた。〔…〕すなわち、すべての生起はこの心理学にとっては一つの行いであり、すべての行いは或る意志の帰結であり、世界はこの心理学にとっては多数の行為する者となり、ある行為する者（ある「主体」）がすべての生起のもとに押し入れられていたのである。」（GD, 四つの大誤謬. 3: 6, 91〔六〇頁〕）[92] こうしたことのために発明されたのが、行為の概念であった。生起した出来事について、それが及ぼす影響から訴えるということはもはやせず、この出来事について責めがある誰か、行為の「主体」である誰かについて、そしてこの誰かに対して訴え出ることができるように、この概念は発明されたのである。ある者が何かしらの理由から、したがって自由に行為を為したのだというそれゆえに、この者が次のように批判されることもありうる。この者はあのような行為の代りにこのような行為を選び実施してしまったのだ、この者は子羊たちを保護する代わりに、肉食の鳥さながらに貪り食らってしまったのだ、と。

ニーチェは、行為の概念を批判するための、さまざまな議論の仕方を提示した。ある議論において彼の批判が述べるところでは、幾つかの選択肢の中から決断を下すことができるような主体など存在しない。なぜなら決断は、したがってまたあらゆる行いもそうであるように、主体のあり方の単なる一表現に過ぎないからである。こうして見ると、自由など存在しないことになる（というのも、すべては決定されているからである）。また別の議論においてニーチェが行為概念を批判しながら述べるには、あるプロセスをその者自身の行いであるとして、それをその者に固有のものと見なすことができるような主体など存在しない。なぜなら「内的」な状態と「外的」なプロセスとのあいだには、何ら論理的な連関などありはしないからである。こうして見ると、意図をもったあり方というのは存在しないことになる（というのも、すべては因果関係のうちにあるからである）。このように解すると、行為概念へのニーチェによる批判というのは、目的に根拠づけられた行為と因果的に決定された出来事の生起とのあいだの差異を総じて否認することをこそ、目指していることになるだろう。[93] だがこれに対して、さらなる議論における彼の批判は、目的論か因果関係かという二者択一それ自体が完璧なものであるという見方を、そしてそれゆえにその二者択一が妥当であるという見方を、掘り崩すことを目指している。この議論においてニーチェは、わたしたちがある活動について――出来事が生起する場合とは対照的に――それがこの者の活動であるからという理由で誰かのものと見なすことを、否認しているわけではない。だがそれにもかかわらずニーチェが否認しているのは、活動を主体のものと見なすことによって、活動が主体による諸々の理由に則り主体の目的を実現するものとして生じているなどという理解が要求されてしまうこと、かくして活動とは主体の行為であるという理解が要求されてしまう

ことである。人間の活動は、目的に導かれた行為と同一視することができないものなのである。〔94〕

活動と行為とのあいだの差異（少し後になってニーチェは、まさしくこの差異から「権力への意志」の構想を展開することになる）を規定しようという最初の試みが企てられるのは、「道徳の外からの世界観察の試み」と名付けられたニーチェの遺稿断片においてである。〔95〕道徳の外からの世界観察というのは、それをあまりに容易に済ませてしまおうと思わないならば、ある美的な観察でなければならない。すなわちこの観察は、「芸術家の観点のもとで」生じなければならず（G.T. 自己批判, 2: I, 14.〔一五頁〕）、「天才への崇拝」のうちでなされなければならないのだ。* そしてその際に人が何を見ているのかについて、ニーチェは、侮蔑的とも言える比喩で次のように記述する。

天才とは、眼の見えない海の甲殻類のようなものであって、あらゆる方向に手を伸ばして、折に触れて何かを捕える。だが手を伸ばすのは捕えるためではなく、その肢節が動き回らねばならないからである。（Anfang 1880, I [53]; 9, 17〔二五頁〕）

美的な天才は、特有の活動の仕方ならではの光景を提示する。こうした活動の仕方についての第一の

＊　「道徳の外からの世界観察の試みを、かつてわたしはあまりに容易に試みた——それは美的な世界観察（天才への崇拝）である。」（Anfang 1880, I [120]; 9, 31〔四三頁〕）

規定は、それが「眼の見えない」ものだということである。それは、自分の目前にどのような対象がいるのかについての知を活動者に提供して、対象を「捕える」ことができるようにする知覚によって、導き出されるものではない。こうした記述の仕方はなおも、美的な行いについてのいっそう深い第二の規定が疑問視しているような事柄を、前提としてしまっている。すなわちここには、そもそものところ、何かを捕えるということを——何かに飛びつきその何かを手にするということを——重視するような活動が問われているという前提がある。しかしながら、美的な活動は、こうした何かのために実行されるものではなく、だからといって——アリストテレス的な選択肢ならそう述べるように——自分自身のためになされるのですらない。天才がこうした活動を遂行するのは、海の甲殻類が動くのと同じような仕方においてであり、それは「その肢節が動き回らねばならないから」動くのだ。かくして、美的な行いは、〔主体の能力による〕行為と同じように、誰かによる行いではある。しかしながら、美的な行いにおいては、行為の場合と対照的に、主体が自らの能力によって自身の目的を実現するわけではない。むしろそこでは、主体の力が、目的から自由な仕方で活動しているのである。

このことは、海の甲殻類や天才にのみ当てはまることではなく、人間の行い一般に当てはまる。「ごく僅かな**行為**だけが目的に即して生じるのであり、ほとんどの行為は**活動**であり、運動であるにすぎず、そこでは力が発散されているのだ。」（I［127］: 9, 33〔四六頁〕）そして、活動することを「道徳の外から」観察しようというこの手探りの試みが辿り着く概念こそ、生の概念である。「生きているものはすべて運動する。こうした活動は、特定の目的のためにあるのではなく、生それ自身である。」(I [70]: 9, 21〔二九—三〇頁〕) 人間の活動は、それが生ある運動であるその限りでは、目的に根拠づけられた行為モデルに汲み尽くされることがない。というのも、ニーチェにおいて「生」が意味しているのは、アリストテレス的な伝統におけるような自覚なき目的論のあり方なのではなく、むしろ目的なき表現というあり方だからである。* すなわちそれは、「無目的な力の横溢」(I [44]: 9, 15〔二三頁〕) なのである。

他なる善

美的なパースペクティブから発見された人間の行いの〈生あるあり方 Lebendigkeit〉は、目的に根拠づけられた行為モデルに逆らう。生あるものである人間の行いは、目的を実現するのではなく、む

* 「生理学者らは、自己保存衝動を生物の根本衝動とみなすことについては、とくと考え直すべきである。およそ生あるものは、何はおいてまず、自らの力を発現しようと欲するものだ——生そのものが権力への意志なのだ——。自己保存は、それの間接的な極く通例の帰結にすぎない。——要するに、どこでもと同様にここでも、余計な目的論的原理が入り込まないよう用心しなければならぬ！」(Friedrich Nietzsche, *Jenseits von Gut und Böse*, 13; in: *Kritische Studienausgabe* [本書注61を参照], Bd. 5, S. 27f.〔『ニーチェ全集11——善悪の彼岸　道徳の系譜』信太正三訳、筑摩書房、一九九三年、三五—三六頁〕)

しろ力を表現するのである。もっとも、時にニーチェがそうした語り方をすることがあるにしても、生ある運動と目的に根拠づけられた行為とは、人間の活動のうちの完全に区別される二つの異なる類型というわけではない。この両者がお互いに逆方向の構成のものであるにもかかわらず、それどころかそれゆえにこそ、運動という〈生あるあり方〉は、むしろ目的に根拠づけられた行為が成功するための条件なのである。

このことが妥当するのは、刷新したり発明したりすることを為しうるのが、諸々の行為を成功させる遂行の本質的条件だというその場合である。たしかにわたしたちは、自分たちは発明を為すのだと主張するのだが、とはいえ何かを刷新することについてわたしたちはすでに、刷新を取り入れるのだと述べる——だからこそ、わたしたちが何かを変化させることができるよう、すでに何かが予め生じていなければならないのである。そしてわたしたちが発明をする際にも、それはもっぱら自分を何かしらの変化に晒すという仕方でのみなされる。こういったことを言い当てるのが、実験という概念、「試み」という概念である。これらの概念においては、介入するような行い——実験の条件を作り出すこと——と、出来事の自ずからの生起へと引き渡される覚悟とが、相互に結び付けられていなければならない。何かを刷新するということはすべて、偶然的なものへ開かれた態度を要求するのである。

二つの言葉の、あるいは、一つの言葉と一つの芝居との偶然の邂逅は、一つの新しい思想の源泉

である。（Anfang 1880, I［51］; 9, 17〔二四頁〕）

この場合に偶然という概念が示すのは、活動が行為から身を離し、行為の目的を超克していくその契機である。すなわちこの契機において、人は自分が欲した以上に行い、かつ自分が欲したのとは他の仕方で行うのであり、それればかりか自分ができる以上のことを行う。したがってその契機においては、この者の活動のただなかで自らの諸々の力が「動き回る」とともに生を享受するのであり、そこで彼の行いは「生あるもの」となる。「他の目的のために企てられて、予期せぬ成果を生む行動——たとえば、食糧のつもりで卵を見張っている動物が、自分に等しい存在を突然眼前に見出す場合である。」（I［54］; 9, 17〔二五頁〕）古いもののパースペクティブからすると、刷新するものすべては、突然に、偶然に生じてくる。すなわち、さまざまな理由の帰結としてでも、予めわたしが抱いていたさまざまな目的の実現においてなどでもなく、未知の状況において、未知の対象を前にしてわたしの力が生あるものとしてあるというそれゆえに、刷新するものすべては、突然に、偶然に生じてくるのである。

このような事態は、まったく他の目的やまったく他の可能性の発明のために行為をするという「予期せぬ成果」についてだけ当てはまるわけではない。それはむしろ、何かしらの行為が真に成功する場合のすべてに——わたしがとうに以前より行うことができたような行為においてさえも——当てはまる。目的に根拠づけられた行為モデルが定義付けるところに従えば、実践的な成功とは、それが根拠と帰結であるところの目的と行いの一致である。自分が行うことを意志している事柄や、それを行うよう自分なりの最善の理由が自分に言い述べてくる事柄、まさしくそのような事柄をわたしが行い、そしてそれ以外の事柄を行わないという場合、わたしは自らの実践的能力を行使することで自らの行為を成功させている。だがこれに対して、美的なパースペクティブすなわち「芸術家の観点のもとで」人間の活動を観察する見方においては、あらゆる実践的な成功に際して――最も日常的な行いや最も平凡な行いに際してでさえも――刷新する契機が現れ出ているということになる。すべての成功には、目的とされたものを、したがって先んじて知られていたものを、最小限であっても跳び越えていく働きが対応しており、この働きが成功を「予期せぬ成果」に近づけていく。こういった事態は次のように表現することもできる。何かが成功するとは、単に何かができるということに尽きず、むしろ何かがうまくいくということである。[96] それはつまり、目的に根拠づけられた行為を下回るかもしくは上回るような〈生あるあり方〉という「都合のよい」偶然（Anfang 1880, I [63]; 9, 19〔二七―二八頁〕）が、成功のうちに入り込んでくることなのである。

　行為することと生きることとのあいだの差異をこうして洞察することで明らかとなるのは、行為のうちなる差異であり、〈できること〉と偶然とのあいだにおいて行為が自らのうちで分岐する事態、それ抜きでは行為がうまくいかないような分岐という事態である――これこそ、生ある運動という美的に獲得された概念からニーチェが引き出す、行為理論上の帰結である。この帰結は、行為という道徳的概念に反対する。それは「道徳の外から」の観察の帰結なのである。道徳的な観察の仕方にとっては責任が肝要であり、そして道徳的な理解に従えば、ある主体によって追及される目的の実現としてある行いが理解されうるということこそ、責任の前提である。判断するための道徳的な遊びの余地は――非難、損害賠償、処罰は――目的と行いが一致するような行為のモデルを拠りどころとする。しかしながら、あらゆる行為において、この行為が成功するまさしくその場所において、何かしらの生ある運動が働いているとしたらどうだろうか。そして生ある運動が、たしかにある自己のもとでその力の表現として遂行されてはいるが、とはいえある主体による何かしらの行為の実行として遂行されているわけではないとしたら、どうだろうか――この場合、あらゆる行為に向かう運動がもつ〈生あるあり方〉を通して、責任を負いえないようなあり方をする契機が入り込んでくることになる。だからこそ道徳は生を「断罪する」(GD, 反自然としての道徳, 6; 6, 87〔五五頁〕)。なぜならば、行為における生あるものの契機は、善と悪という道徳上の価値対立から、生を引き離すからである。

道徳的に見れば、こうした引き離しこそ悪の原型である。つまりそれは、善に対抗するような悪ではなく、善と悪の区別にこそ対抗するような悪である。だからこそ道徳性は、〈生あるあり方〉を抑えようと闘い、それによって「発明を妨げるもの」となる(Anfang 1880, I [43]; 9, 15〔一二頁〕)。だがそうだとすると、実践的に見れば、道徳そのものが――劣悪であることになる。「単に道義的であること――そうなれば人類は貧しくなり、何も創作されない。」(同上)「道徳的な人間たちは世界を枯死させてしまうであろう。」（I［38］: 9, 14〔二一頁〕）[*] かくして、道徳的な善か悪かの二択に抵抗する、美的な世界観察による異議が――〈生あるあり方〉を意識することに基づく異議が――他の善の名のもと、すなわち善悪の彼岸にある善の名のもと、〈生あるあり方〉のうちにこそ存する善の名のもと、申し立てられることになる。そして道徳の外にあるこのような善の概念のうちにこそ、美的なものがもつ倫理的かつ政治的な意義が存するのである。

美的な自己享受

ここでいったん、芸術家のモデルを振り返ってみるのがよいだろう。『悦ばしき知識』においてニーチェが求めたのは、わたしたちが芸術家から「微妙繊細な力」を学び取り自らの生においてその力を発揮させるべきだということであった。芸術家がもつこうした力は、芸術家特有の逆説を帯びた〈できること〉のうちに、つまり〈できないこと〉ができることのうちに存する。すなわちこの力は、力として自らが解き放たれるそのただなかで、能力を下回るかもしくは上回ることができる芸術家の能力のうちに存するのである。このように〈できること〉を動員することで、芸術家は、自らのさまざまな力を陶酔とともに解き放つことから、何かしらのものを制作する。とはいえ、この事態は、さまざまな生ある力の状態を、それ自身において規定するわけではない。「人が活動するのは、生きている者はすべて動かねばならぬからである——喜び**のために**ではなく、すなわち、無目的に。喜びを伴うにしても。」（Anfang 1880, I [45]; 9, 16〔二三頁〕）ここで言われているのは、力そのものの生ある働きについて喜ぶことであり、さらには、それが自らに固有の力の生ある働きであるというそれゆえに、それ自体そのものについて喜びないしは快を抱くことである。それ自体そのものについて喜びないし快を抱くということ、自らの力を、そして日常的な事柄のうちではただその響きが混じっているだけに過ぎないこれらの力の生ある働きについて喜びないし快を抱くということは、陶酔をもって力が高まり解き放たれる際、「美的な行いと鑑賞」という「生理学的先行条件」において、決定的な特徴を示すものとなる。「芸術においては、人間は完全性として自分自身を享受するのである。」（GD, SU, 9; 6, 117〔九五頁〕）陶酔をもって高まった生ある諸力という状態、さらなる目的にとっても善いものであるようなこの状態は、この状態のうちにある芸術家によって享受される。そしてこのことによって、あらゆる享受は価値評価であるというそれゆえに、この状態はそれ自体で善いものとして判断される。快に満ちた自己関係において、行為によって実現される諸目的にとっては他なるものである善が、芸術家に開示されるのである。

こういった事態を高められた形式において示すのが、悲劇的な芸術家である。そのような人物によ

＊　道徳性の像に則った行為について、ニーチェは、「有用であり、また不快である点で、油を塗った鍵穴のごとき」（Anfang 1880, I [92]; 9, 26〔三七頁〕）ものであると述べる。

る芸術が悲劇的であるのは、それが「生の多くの醜いもの、冷酷なもの、疑わしいものをも現わす」からである（GD, SU, 24: 6, 127〔一一一頁〕)。こういった芸術がもつ倫理的かつ政治的な意義を把握するためには、悲劇的な芸術家が自分自身について伝達するものとは何であるのかと、問われなければならない。人は、「芸術家自身に訴えなければならない」のであり、そのようにして――潜在的なものについてのニーチェのメタファーによれば――「芸術家にできること……」を経験する。だが芸術家にできることとは何であろうか？　芸術家にできるのは、自らの諸力をいつでも、動き回らせ、展開させ、そればかりか陶酔をもって高めさせることである。いつでも――つまり、わたしたちが行為において失敗し、まったく絶望してしまうところでさえもなお、それができるのである。

> 何を悲劇的芸術家はおのれ自身について伝達するのであろうか？　それはまさしく、彼が示すところの怖るべき疑わしいものに対して怖れを知らない状態ではなかろうか？――この状態自身が一つの高い願望にほかならない。この状態を見知っている人は、それを最高の敬意をはらって尊敬する。彼はそれを伝達し、彼は、彼が芸術家であり伝達の天才であるとすれば、それを伝達せざるをえない。強力な敵をまえにしての、崇高な艱難をまえにしての、戦慄を呼びおこす問題をまえにしての感情の勇敢さと自由さ――この勝ちほこれる状態こそ、悲劇的芸術家が選びとり、彼が賛美するものにほかならない。悲劇をまえにしてわたしたちの魂のうちの好戦的なものはそ

のサトゥルヌス神祭を祝う。苦悩に慣れている者、苦悩を探しもとめる者、こうした英雄的人間は悲劇でもっておのれの生存を讃える――この者にのみ悲劇詩人はこの最も甘美な残酷さの酒を献ずる。――（*GD*, SU, 24: 6, 127f.〔一一一頁〕）

没落のただなかで英雄のように耐え忍ぶことのパトスであるかのように聞こえるものは、それが解説されるなかで、美的な自己享受へと向かっていく。そこにあるのは悲劇的なものを目前とした芸術家の「勝利」であり、そこに存するのは怖るべきものを目前として芸術家がなおも「できる」ということ（あるいは「できる」もの）である。悲劇的な芸術家は、自らの能力が機能不全に陥り希望もないそのようなところでさえもなお、自らの力を展開させることができる。芸術家は、自身が失敗するところで、生あるものであり続けるのである。

　このようにして悲劇的な芸術家は、行為においては不可能である何ごとかを為すことができる。すなわち、悲劇的な失敗を肯定することができる。このことは、行為においては不可能である。というのも、肯定するとは、何かを善いと認めることであり、何かを「善いものである」と判断することだからである。だが、悲劇的な失敗は、目的とされた善の失敗、実践的な善の失敗である。したがって悲劇的な失敗は、実践的な善という意味では、善でありえない。実践的な意味で言われる善、実践的な善しか存在しないところにおいて、悲劇的な失敗は、ただ嘆かれることができるか、もしかすると耐えられることもあるかもしれないが、とはいえ肯定されることは決してありえない。悲劇的な失敗の肯定というこのことは、もっぱら他の善という観点に照らしてみることでのみ可能なのであり、そしてまさしくこのことを為すのが悲劇的な芸術家なのである。悲劇的な芸術家は、悲劇的な失敗を肯定する。なぜならこの芸術家は、悲劇的な失敗のうちで自分自身の「完全性」を享受するからである。すなわち自己が、行為の善が失敗するに際してなお、それればかりか行為の善が失敗することを通して、自分自身へと立ち戻ることで自己が善いと判断するような状態へと達するからである。

『偶像の黄昏』のうちの、芸術的陶酔や悲劇的芸術家についての理論を展開している章「或る反時代的人間の遊撃」において、ニーチェは、芸術的な自己肯定の模範的姿をゲーテのうちに見る。「彼は一切のものに然りと述べた」(GD, SU, 49; 6, 151〔一四四頁〕)――彼を脅かし、それればかりか失敗させてしまうあらゆるものをも含む、一切のものに。そしてゲーテがここでもなお然りと述べることができたのは、行為の善が失敗するということのうちで、彼が自分自身を、すなわちさまざまな力が生ある仕方で展開していく自分自身の状態を、善いものとして享受することができたからである。芸術家が一切のものに然りと述べることができるのは、一切のものを目前としながら自分自身に然りと述べることができるというそれゆえである。このことについてニーチェは、芸術において人は「完全性として」自分自身を享受するのだと表現する。これが意味するのは、行為に関する実践的な善からすると、すなわち悲劇的な失敗そのものにおいては破壊されてしまう実践的な善からすると、カテゴリーからして他のものである善が、芸術家にとっては存在しているのだということである。芸術家の力は、自らを自由にし、実践的な善のもつ権力から身を離し、そうして他の善へと身を委ねることにこそ存する。それはすなわち、芸術家に固有の状態という善へと、つまり高まった力が戯れとともに生ある作用をする状態という善へと、身を委ねるということなのである。

自分自身を創造すること

このような力を、いかにして芸術家から「学び取る」ことができるだろうか？　美的な自己享受における自己肯定は、いかにして倫理的意義を獲得するのだろうか？　行為に関する善からの解放は、いかにして芸術的陶酔においてのみならず、生において、そして「何よりまず平凡陳腐な日常茶飯事のなかで」生じるというのだろうか？　善き生とは、何なのだろうか？

実践的に善いもののもと自らに指針を与えるような仕方から解放されることは、ニーチェによって、「不道徳家」の綱領であるとも記述される。

わたしたち他の者、わたしたち不道徳家は［…］あらゆる種類の理解、概念把握、善としての是認に対して、おのれの心を広く開いてきた。わたしたちはやすやすとは否定しない、わたしたちは肯定者であることのうちにわたしたちの名誉をもとめる。ますますわたしたちには、僧侶の聖なる狂愚、僧侶のうちにある病める理性の聖なる狂愚がしりぞけるすべてのものをも、なお利用し、利用しつくすことをこころえているあの経済に対する眼が、不平家、僧侶、有徳者といういとわしい種属からさえおのれの利益を引きだすところの、生の法則のうちにあるあの経済に対する眼が、開かれてきている——いかなる利益なのか?——しかしわたしたち自身が、わたしたち不道徳家が、ここではその答えである……(GD, 反自然としての道徳, 6; 6, 87〔五五頁〕)

善についての問い、実践的に善いものの彼岸にある完全さについての問いに、不道徳家は「わたしたち自身がここではその答えである」と応答する。実践的に善であるものの彼岸にある善とは、自己の善であり、善としての自己のことである。ゲーテは、そのような不道徳家であったがゆえにこそ、一切のものに然りと述べることができたのであり、実践的に善いものという見方からすると機能不全、違反、衰退に思われるようなものさえをも許容し利用することができた。ゲーテが行った事柄は、実践に参加しそこで実践の善を追い求めることで満たされるものではない。そうではなくむしろ「彼は自分自身を創造した……」(GD, SU, 49; 6, 151〔一四四頁〕)。彼は自分自身を創造した——このことが意味するのは、彼が自分自身を、すなわち実践の善と区別されるものとしての自らの善を、創造したということである。

不道徳家の根本的特徴、不道徳家が芸術家から学び取る特徴は、こうした区別をラディカルな仕方で施行するところにこそある。不道徳家は、自らの善すなわち自分の自己の善を、実践的に善であるものから峻別する。不道徳家の主張によれば、実践的ではないような善が、行為によって実現される目的という形式にはもたらされえないような善が、存在するのである。こうして区別するところにこそ、こうした者の不道徳主義が、道徳性へと反対するその態度が存する。というのも「道徳性」は――無道徳家がそれと反対の立場をとるものという意味での「道徳性」は――ある特定の価値評価システムでも、その都度の特定の道徳のことでもないからである。道徳の道徳性は、すなわちニーチェが「風習の倫理性 Sittlichkeit der Sitte」（*M*. 9: 3. 21〔二四頁〕）とも呼ぶものは、むしろある行為理論上の、主体理論上の基本モデルなのである。こうしたモデルの中心にあるのは、自己の善と実践の善とのあいだには解消されえない概念上の連関が存在しているというテーゼである。実践とは社会的なものであり、道徳的に理解するならば、善とは社会的な種々の実践のなかで善であるものである。このことは、その都度の実践に関する特殊な善の意味においてのみ言われるわけではなく、社会的な種々の実践に適切に参加するという普遍的な善の意味においても言われる。道徳的に善であるとは、「社会的パートナーないし協同パートナーである、共同体の一員」[97]として善であるということなのだ。道徳上のさまざまな徳――公正さ、尊重、配慮など――は、社会的実践一般への参加を為しうるということである。こうした徳を育成し、所有し、応用することが――道徳によれば――「人間として」

〔トゥーゲントハット〕善であることが何を意味するのかを定義づける。その際にはしかし、道徳的に善であることのこうした内容上の規定は、善を実践的目的であるとする形式上の規定にのみ従っているか、あるいはそのような規定に予め従っているかのどちらかである。というのも、ある目的を選びそれを実現することは、いかに距離をとった仕方であっても、ある社会的実践に参加することを意味しているからである。さまざまな社会的実践を目的上の指針とすることと、そのような実践に参加することとは、同じことの二つの側面なのだ。それら二つのことが、道徳の道徳性を、風習の倫理性を形成しているのである。

これに対抗する不道徳家の綱領は、非連続性に、すなわち自己の善と社会的参加の善とのあいだの断絶にあり、実践的善という尺度から、それればかりか実践的善のパースペクティブから自らを自由にするところにある。これが意味しているのは、「自分自身を創造すること」、すなわち人がすでにそうあるような社会の参加者というあり方に抵抗しつつ、自分自身を、自らの自己を生み出すということである。かくして、自らを創造する Sichschaffen とは、〔無から〕自らを創出する Sicherschaffen ということではない。わたしたちは「「意欲」や「創造」についての不遜な話は聞き流すべきである！」（*M*, 552; 3, 323〔四五〇頁〕）まさしく「自己立法的な人間、自分自身を創造する人間」として、わたしたちは、「世界における一切の法則的なもの、必然的なものの、こよなき学び手となり発見者」とならなければならない（*FW*, 335; 3, 563〔三五三頁〕）。人は、自分自身を創造しようとするに至る際には、いつでもすでに存在しているのであり、いつでもすでに主体に、社会の参加者になっている。自分自身を創造するとは、すでにそうであるような自分自身から身を離し、社会の参加者としての自分自身から自らを区別することを意味している[98]。とはいえ、もし人が、ただ社会的実践の参加者としてのみ、目的を指針としそれゆえ成功するようにしか行為できないとしたら、どうだろうか。そうして人が（「風習の倫理性」に従うように）善く行為することしかできず、社会的実践の善き参加者であるとしたら、どうだろうか——その場合、社会の参加者としての自分自身から自らを区別するという仕方で自分自身を創造するとは、行為主体としての自分自身を、実践的主体としての自分自身を超克していくことを意味する。自分自身を創造するとは、行為を為しうるというその学びを忘れるということである。というのも、人はそのことのうちでこそ——もっぱらそのことのうちでのみ——ある他の善を、自己享受のうちで開示される生ある力という善を、獲得するからである。

こうした事態が、不道徳家は何を芸術家から学んだのかを決している。不道徳主義に即した仕方で自分自身を創造する者は、自分自身を創造するとは自分自身から自らを区別することであると、芸術家から学んでいる。すなわちそこでは、社会的実践への参加者としての自分自身からの区別が、社会的実践という善からの分離が、行為を為しうるという自らのあり方を掘り崩すことが、すなわち自らの非‐社会的な善を指針とすることが、学ばれているのである。そしてまた、不道徳主義に即した仕方で自分自身を創造する者は、自らの非‐社会的な善は行為の目的のうちに存するのではなく、行為が目的論的にもつ秩序の此岸における〈生あるあり方〉という状態のうちにこそ存するのだということも、芸術家から学んでいる。社会的実践という善から自己を区別するための力を芸術家から学び取り、そうすることで自分自身を創造すること——このことが意味するのはかくして、行為することと生きることとのあいだの区別を学ぶことにほかならない。それはすなわち、生きることに関する善は行為することに関する善と同じものではないと学ぶことである。善き生は、さまざまな善き行為を合わせて組み立てられるものではない。生は、それが生あるものである限り、善いものなのである。

＊

この箇所ではしかし、最後にもう一度、芸術家がもたらしてくれる教訓が重要となる。ここまでのところ、この教訓は、実践的に行使される能力と、戯れながら働く力とを区別することを芸術家から学び取るように、とはいえ同時に芸術家よりも「もっと賢く」あるように、そうして生においてこの区別の効果を発揮させるように、というものである——このことは、行為と運動という遂行の二つの等級のあいだでなされる区別、社会的目的という善と生ある状態という善との二つの善の概念のあいだでなされる区別、社会の参加者である主体と自らを享受しつつ創造する自己とのあいだでなされる区別、こうしたそれぞれの区別における教訓である。芸術家から学ぶとは、こうした分岐が不可避なのだと学ぶことである。すなわちここでは、内容における区別だけではなく、善の形式における区別もまた言われている。したがってここでは、善における分岐が、どのような統一にも止揚されることのできない分岐が、言われているのである。

　しかしながら芸術家は、こういった区別をするだけではなく、区別されたものを結び合わせもする。芸術家は、区別されたものを区別されたものとして束ね合わせるのである。このように区別されたものを、芸術家は、実践的な主体から分かちつつ――芸術家は、〈できないこと〉ができるのだ――同じようにディオニュソス的野蛮人からも分かつ。芸術家は、〈できないこと〉ができるのだ。ディオニュソス的野蛮人たちにおいては、種々の力が陶酔とともに解き放たれ、苦労して獲得された種々の実践的能力にとって代わってしまい、そのためこれらの能力は重荷だと感じられ不確かな取扱いをされることになる。これに対して、芸術家においては、自らの能力が、陶酔しながら解き放たれる諸力へと変貌する。[99] 芸術家の陶酔のなかで解き放たれるのは、最高度に展開された芸術家の「象徴的力」（GT, 2: I, 34〔四二頁〕）なのである。それゆえ芸術家においては、諸々の力を陶酔とともに解き放つというそのことが、改めて、芸術家の能力を実践的に行使するのに有益に働きもする。「偶然を利用し認識することを天才という。」（Anfang 1880, I [91]: 9, 26〔三六頁〕）たしかに芸術家も、自分の行為がうまくいくそのためには、自らの力の生ある働きを遂行することができない。というのもこの働きは、まったくもって遂行されることのできないものだからである。芸術家にできるのは、〈できないこと〉なのだ。

とはいえ、芸術家によって陶酔をもって解き放たれ、生をもって戯れる諸力へと変貌されるものとは、自らの実践的能力そのものなのであり、だからこそ芸術家の美的陶酔は、ふたたび自らの実践に、自らの行為に立ち返って影響を及ぼすことになる。芸術家の経験には、生ある力の戯れのなかで能力の実践的行使を美的に中断するというまさしくそのことが（そしてもっぱらそのことだけが）追い求められる善への到達に至るのだ、ということが属するのである。

かくしてこの最後の教訓に従うと、芸術家から学ぶとは、能力と力とが、それゆえまた行為と戯れとが、それゆえまた（社会的目的である）行為の善と（生ある自己である）戯れの善とが、それぞれカテゴリー上で異なるのだと学ぶことだけを意味するわけではない。芸術家から学ぶとは、同時に、行為の善と戯れの善とが相互から分岐したものでありながら、同時に相互を必要とするものだと学ぶことでもあるのだ。というのも、一方で、力という生ある戯れの善はもっぱら、実践的能力の主体だけが為しうる自己享受という関係においてのみ存在するからである。自らの力の陶酔というあり方を一定の距離をもって経験するような者、ニーチェに従えば、このような陶酔のあり方をもって「戯れる」者にとってのみ、こうした状態はある善いものとなる。だが他方で、能力を実践的に行使するという善は、もっぱら試みることや実験することにおいてのみ存在する。偶然へと、さまざまな力の生ある戯れへと身を晒すような者にとってのみ、その者がなす行為のうちで、何かが真なる仕方でうまくいくことができる。ある者にとってはこうした両方の善の形式が存在するのであり、そういう者にとってのみ、これら両方の形式のうちの一つの形式が存在することができる。そして善についての両方の形式のうちの一方の形式だけでは、それは善ではないのだ。善の一方の形式は、善の他方の形式を前提とし、行為もしくは戯れそれぞれにおいてその活動の仕方に自らを対置する。芸術家に目を向けることで、わたしたちは、善を区別する仕方を学ぶだけではなく、(善を)区別するというそのことの善を学ぶのである。

＊＊

善を区別することが生み出すこの善とは、自由である。行為と戯れのうちで区別すること、能力と力のうちで区別することは、自由とするようはたらく。だからこそニーチェはゲーテを、ニーチェからすると実践的な善い悪いの彼岸で然りと述べることができるというそのことを総括する概念であるゲーテを、「自由となった精神」と呼んでいる(GD, SU, 49; 6, 151〔一四四—一四五頁〕)。ニーチェが自ら公刊した最後の著作において描くように、ゲーテは、最初の著作が提起した問題の解決、すなわち「わたしたちの音楽のための文化を発見するという問題」の解決なのである。すでに『悲劇の誕生』のための覚書において、ニーチェは、「音楽ドラマの倫理的かつ政治的な意義に関する考察」を、『偶像の黄昏』が対応する文章を提供することになる「悲劇と自由精神」*というタイトルの下に加えることをしていた。悲劇の倫理的かつ政治的な意義、そして美的なもの一般がもつ倫理的かつ政治的な意義は、ゲーテのように自由である人間のあり方を可能にすることにある。実践的な意味における自由は、善についての自分自身の判断に従って意志し行為するところにある。実践的自由とは、善についての実現される洞察のことである。自己指導というこの種の理念は理由や目的によって限定され、そればかりか骨抜きにされるわけだが（というのも、自己指導というこの理念は、人間をその主体というあり方へと、すなわちその社会的参加へと繫ぎ止めてしまうがゆえに、限定されかつ骨抜きにされざるをえないものだからである）、このことによって不自由にならないようにするその仕方こそが、芸術家が提示してくれる教えであり、美的なものの倫理的かつ政治的な意義を決している教えである。美的な経験とは、実践的自由からの自由が存在するという経験である。この自由とは、固有の力を他の仕方で展開するための自由を与えられるということであり、それゆえ異他なる圧倒的権力への屈服などではない。美学の最後の言葉は、人間の自由なのである。

＊　「「悲劇と自由精神」。音楽ドラマの倫理的かつ政治的な意義に関する考察」――『悲劇の誕生』の時代に由来するニーチェのタイトル案はこのようになっている（September 1870 – Januar 1871〔本書注85を参照〕, 5[22]; 7, 97〔一三三頁〕）。

訳者解題　美学をめぐる力の場

杉山卓史

本書は、フランクフルト学派第三世代の代表者の一人であるクリストフ・メンケの五冊目の単著であり、哲学の一学科で美や芸術を主たる考察対象とする「美学 Ästhetik」の誕生・展開の歴史を、「力 Kraft」と「能力 Vermögen」との相剋を軸に描き出したものである。内容については、序言末尾で著者自らコンパクトにまとめているため、ここで屋上屋を架す必要はないであろうが、本書で語られなかった論点を交えながら、本書の意義を考察することによって訳者解題に代えたい。

文庫版への序言の冒頭で明かされているように、本書の大部分はドイツ語による最大級の美学事典『美学の根本概念』（二〇〇三年）のための項目「主体、主体性」に由来する。そのため、その記述は基本的には中立的・堅実である（ただし、この事典はいわゆる「中事典」、「読む事典」であり、「主体、主体性」の項目も五〇頁を超える雄編である）。しかし、あらゆる歴史記述がそうであるのと同様、本書の美学史記述も決して無個性的ではないし、実際、単著化するに際して著者はかなり個性を前景化しているように見える。では、本書の「個性」はどこに見出せるだろうか。

教科書的に言えば、「美学」は（その営み自体は古代ギリシアにまで遡るが）バウムガルテンの教授資格論文『詩のいくつかの事柄に関する哲学的省察』（一七三五年、*Gedicht*）によってその名が与えられ――その後『美学』（一七五〇／五八年、*Ästhetik*）においてその構想が一部ながら披瀝され――、カントの『判断力批判』（一七九〇年、*KdU*）によって実質的な基礎づけが与えられた（「バウムガルテンは美学の生みの親、カントは育ての親」というフレーズもしばしば聞かれる）。本書も、この枠組みを踏み外すものではなく、第二章と第五章でそれぞれバウムガルテンとカントの「美学」が詳論される。しかし、これは本書全体からすれば、一方の「表」の歴史にすぎない。すなわち「能力の美学」である。それに対して、著者はバウムガルテンとカントの間に、ヘルダーらによって、もう一つの「力の美学」が提起された、と見る。

この「能力の美学」と「力の美学」とは、どのように異なるのだろうか。その前提として、本書第二章冒頭で示されたライプニッツの認識論を、まずは確認しておこう（図一参照）。それによれば、認識は明晰 klar なものと曖昧 dunkel なものとに分かれ、明晰な認識はさらに判明 deutlich なものと混然とした verworren ものとに分かれる（さらに判明な認識は十全なものと不十全なものとに分かれ、十全な認識は直観的なものと記号的なものとに分かれ、この〈直観的―記号的〉も「美学」の展開に際してきわめて重要な対概念である）。〈明晰―曖昧〉の区分は、「他のものから表現された事柄を再認識できる」か否か、すなわち、当該の認識対象が「何」であるかが分かるか否かであり、それに対して〈判明―混然〉の区分は、「十分な徴の枚挙」ができるか否か、すなわち、当該の認識対象が「なぜ」そうであるのかを言えるか否かである（「徴 Kennzeichen」は「理由」と解してよい）。ライプニッツのこの主張は、「われわれがきわめて明晰かつ判明に理解することはすべて真である」という「一般的規則」（*Methode*, IV. 3: 55〔四〇頁〕. 原典からの引用方法は本文に準じる）を掲げるデカルトへの批判（「明晰」「判明」という術語の厳密化）であるが、明晰かつ判明な認識に価値を置く点では両者は軌を一にする。それに対し、バウムガルテンは明晰・判明という、いわば認識の「王道」からこぼれ落ちるものに光を当てる。それが「判明性の下に位置する表象の複合体」（*Ästhetik*, §17）たる「感性的認識」、美学の対象にほかならない。

図一

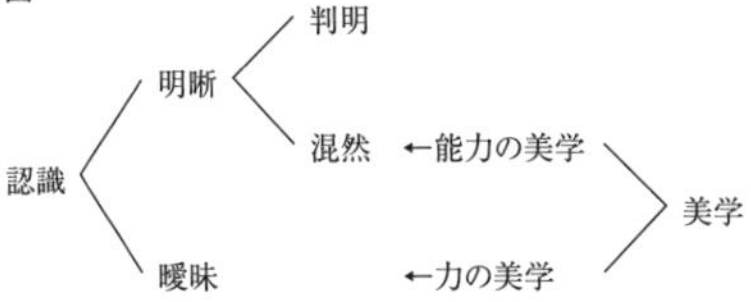

それゆえ、バウムガルテンにとって「感性的認識」とは「混然とした認識」のことであり、そこには「明晰ではある」ことが前提されている。そのことは、第二章「感性的明晰性」の議論が示す通りである（それに加えて補足しておくならば、バウムガルテンは〈判明―混然〉の区分を、ライプニッツのように優劣ではなく、明晰性の質的相違と捉えなおした、すなわち、徴自体がさらに明晰になることによる「内包的明晰性」と、個々の徴はそれ以上明晰にならないが、徴の数が増大することによる「外延的明晰性」とに区分しなおし（*Gedicht*, §16; *Metaphysik*, §531）、それによって「美学」への途を拓

いた）。しかし、明晰であることは感性的認識の前提なのか。「判明性の下」とは、「直下」の混然性のみならず、さらにその下の曖昧性の領野をも含むのではないか。そして、そこにこそ「美学」を基礎づけるべきではないか。このように「下を見よ」（本書九二頁）と批判したのが、ヘルダーであった。草稿後半では、こうも言われる。「人間の魂の曖昧な深淵を見下ろせ、そこでは動物の感覚が人間の感覚となり、いわば遠くから〔人間の〕魂と混じり合う。曖昧な思考の深淵を見下ろせ、そこから後に衝動と情念が、快と不快が生じる」（»Baumgarten«, 685）。実験心理学の創始者として知られるフェヒナーが、ヘーゲル流の観念論的美学を「上からの von oben」美学と批判し、それに代えて科学的な刺激計測に基づく「下からの von unten」美学を提唱したのは一九世紀後半のことである（『美学入門』一八七六年）が、ヘルダーはそれより一世紀以上前、美学誕生直後に「下からの」（*Wäldchen*, 289）美学を（フェヒナーの意図とは異なるが）提唱していたのである。

このように、バウムガルテンは「明晰ではあるが混然とした」領野において美学を構想し、それに対してヘルダーは「明晰ですらない曖昧な」領野において美学を構想した。そして、そのそれぞれの美学を駆動する「内的原理」が「能力」と「力」なのである。「能力」は意識的な、主体の意志で制御可能なものである。だからこそ、バウムガルテンは『美学』において「美的主体」（＝芸術家）の「訓練」についてかなりの紙幅を割いて論じていたのである（本書第二章「訓練」参照。ちなみに、バウムガルテンにおける「訓練」へのこうした注目も、管見の限り他に類例がない）。それに対して、「力」は無意識的で制御不可能な、前述のように「衝動」的としか言いようがないものである。機械論的にも生物学的にも説明されえない。「能力」が「主体」を「制御」するのに対し、「力」は（「主体」となる以前の、ありのままの）「人間」を「戯れ」るがままにさせておく、と言えよう。それゆえ、「哲学を人間学に回収すること」（本書九四頁）は、ヘルダーにとって終生の課題であり続けたのである。「力」が「美的人間学の根本概念」である所以である。

以上が、本書前半の議論である。後半は、まず第四章冒頭で「ヘルダーはどこからこのことを知るのだろうか？」という問いを立て、それに対する回答をズルツァーやメンデルスゾーンらのテクストの中に探っていく、すなわち、「力の美学」の背景を探る。こうして「美学」の二類型が出揃ったところで、第五および第六章は両者の拮抗がもたらしたものを示す。すなわち、カントとニーチェの美学である。カントが『判断力批判』において提示する「認識能力（＝構想力と悟性）の自由な戯れ／生動化」という美の規定は、たしかに二つの「美学」の合成物《アマルガム》と捉えることができるだろう。同書の成立をめぐる外的状況も、この見立てを裏づける。カントは長らく第三の批判書を「趣味の批判」というタイトルで構想していたのだが、『純粋理性批判』（初版一七八一年、第二版一七八七年）と『実践理性批判』（一七八八年）とを出版した後、前者が扱う認識能力と後者が扱う欲求能力の間にある快と不快の感情もアプリオリな原理（合目的性）に基づくという洞察に至った。そして、それによって「趣味」すなわち美の判定能力を批判しつつ、これによって先行する二つの「批判」書がそれぞれ扱う「自然」

の領域と「自由」の領域とを架橋して批判哲学の全体系を完結させようとした。「感情」という無意識的・曖昧なものと認識／欲求〈能力〉という意識的・明晰なものとの衝突エネルギーが、『判断力批判』という著作を駆動しているのである。さらに、同書に「素材」を提供したのは、カントが一七七二年以来バウムガルテンの『形而上学』（一七三九年［カントが所持していたのは一七五七年の第四版］、*Metaphysik*）の「経験的心理学」章を（形式的にではあるが）教科書とした、まさに「人間学」という講義であった。そして、この講義の前身である形而上学講義に若き日のヘルダーは魅了され（本書注45および55で言及される「存在試論」は、この講義の「期末レポート」とでもいうべきテクストである）、その「力」の思想の源泉の一つとなった。これらのことも、併せて指摘しておこう。

こうした「能力の美学」と「力の美学」との衝突は、単に哲学の一学科としての美学の問題ではなく、翻って「美学を通じて、哲学の概念が変化する」（本書一七〇頁）と著者は見る。ここでの「哲学の概念」とは、狭義にはあの「主体」、特に行為を遂行する「実践的」主体である。自分で自分を制御する意識的な主体こそが自由な行為を遂行しうる、という近代哲学の前提は、「力の美学」に鑑みるならば、見直されねばならないのではないか。「主体」ならざる無意識的な「人間」は、いかなる行為を遂行しうるのか。こうした問題意識が著者の目をニーチェに向かわせ、「他なる善」、「自分自身を創造すること」を「芸術家から学ぶこと」を軸とする第六章の考察をもたらしたのである。この第六章は、本書の最もユニークなパートと言ってよいだろう。バウムガルテン（あるいはその前史としてのラ

図二

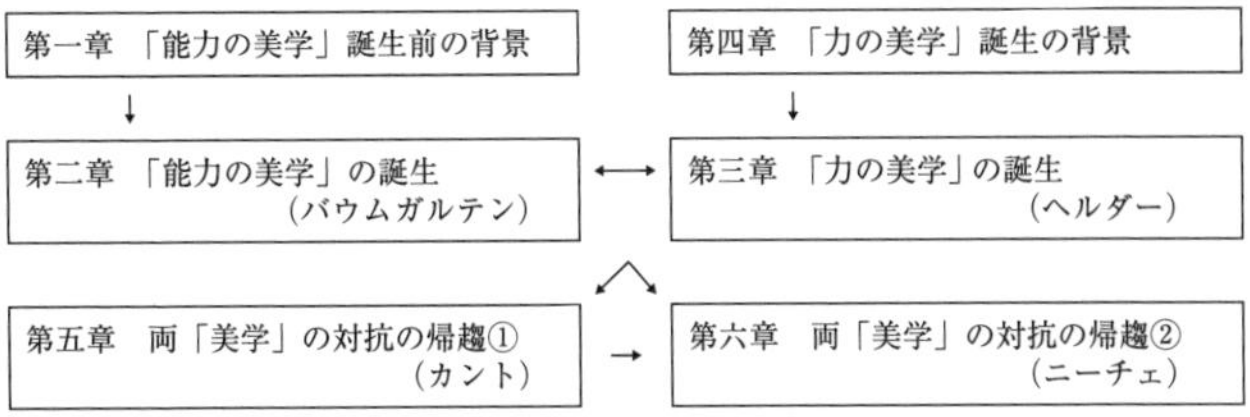

イプニッツ）から説き起こす美学史は、ドイツ観念論で一応の終着点を迎えるのが通例である（たとえば本書注25に挙げられたペッツォルトの書）が、本書はそれに代えてニーチェの「芸術家倫理学」で、そして、「美学の最後の言葉は、人間の自由なのである」という一文で、締めくくられる。なお、こうしたニーチェへの注目は、ハイデッガーのニーチェ解釈と、それに対するリッターとフーコーからの二通りの応答に導かれたものでもあり、それゆえ本書の提示する美学史は、現在から切り離されたものでは決してなく、「自由」をめぐるアクチュアルな意義をもつ。そして、こうした「美学から倫理学へ」という展開は、美的経験や悲劇の問題からその哲学的キャリアを始めて、現在は平等や法権利といった実践哲学の問題を重点研究領域としている（実際、フランクフルト大学では「実践哲学」講座の担当である）著者自身の歩みと重なる、その「ターニングポイント」をなしているのである。

　以上のような本書の歩みをチャート化するならば、図二のようになるであろう。

　最後に蛇足ながら——しかし、本書をよりドラマティックに読み進めるための一助とはなりうるであろう——、本書の登場人物たちの因縁浅からぬ人間関係を指摘しておこう。彼らの活躍の場は、大学（バウムガルテン、カント）・教会（ヘルダー）・在野（メンデルスゾーン）とさまざまであり、一見接点をもたないように見えるが、彼らを結びつけるのが、一七〇〇年にライプニッツが創設したプロイセン王立ベルリン学術アカデミー、とりわけ、そこからしばしば出された「懸賞課題」であった。たとえば、「形而上学の明証性が幾何学のそれと同じでありうるか否か」が問われた一七六三年の懸賞課題において、メンデルスゾーンとカントはほぼ正反対の回答（メンデルスゾーンは肯定、カントは否定）を提出しながら「甲乙つけがたし」と評され、僅差でメンデルスゾーンが懸賞を獲得した（そして、これを機縁として両者の友情が始まった）。また、一七七〇年代に『言語起源論』（一七七二年）をはじめとして三度懸賞を獲得した「懸賞ハンター」であったヘルダーが唯一懸賞を逃したのが、認識と感覚の関係を問う一七七三年の課題であり、その応募論文を改稿したのが、本書第三章後半で主題的に取り上げられる『人間の魂の認識と感覚について』（一七七八年、*Erkennen*）である。そして、その課題を出したのは、当時アカデミーの哲学部会長であったズルツァーであった。ズルツァーは自らが信ずる二能力説（人間の根本能力は認識能力と感覚能力である）の継承・発展を期待してこの課題を出したが、ヘルダーはその期待に応えて自説（認識と感覚とは連続的であるという一元論）を曲げることを潔しとしなかったのである。そのヘルダーは、既述のように若きカントの講義の熱心な聴講者であったが、一七八〇年代以降、師の批判哲学を一種の「転向」とみなし、激烈な批判に転じる。本書の描き出す美学史の裏には、このような人間関係の「力」がうごめいている。

訳者あとがき

本書は、Christoph Menke, *Kraft. Ein Grundbegriff ästhetischer Anthropologie*, Frankfurt am Main: Suhrkamp 2017 の全訳である。原著初版は二〇〇八年にズーアカンプ社から出版され、二〇一七年に同社から「文庫版への序言」を追加した新版が再版されたが、本翻訳の底本は後者の新版である。なお本書は、クリストフ・メンケの他の著作と同様にさまざまな言語に翻訳されており、二〇二二年現在では英語・スペイン語・イタリア語・ハンガリー語・中国語・韓国語に既訳がある。そのなかでも英語訳（*Force: A Fundamental Concept of Aesthetic Anthropology*, translated by Gerrit Jackson, Fordham University Press 2012）は、本翻訳に際して大いに参照した。また初版と新版とのあいだには、本書での議論をさらに他の分野にも展開した論集『芸術の力』（*Die Kraft der Kunst*, 2013）も刊行されており、本書の「文庫版序言」では、そこでの議論との連続性が言及されている。本書を通してメンケの議論に興味をもった読者は、ぜひそちらも手に取ってもらえると、さらなる議論の広がりが見て取れるだろう。

本書の内容と美学の領域におけるその意義については「訳者解題」ですでに論じているので、この「訳者あとがき」では、著者メンケの簡単な略歴と全体的なモチーフを紹介するにとどめたい。

クリストフ・メンケは、一九五八年に生まれ、一九八七年にコンスタンツ大学のアルブレヒト・ヴェルマーのもとで博士号を取得した。アドルノとデリダの議論から美的経験について論じた『芸術の至高性』(一九八八年)は博士論文をもとにしており、本書を別とすれば、現時点で唯一日本語に訳されている単著である。一九九五年に教授資格を取得し、一九九七年よりニューヨークのNew School for Social Research准教授、一九九九年よりポツダム大学教授を務めた後、二〇〇九年以降はフランクフルト大学で哲学教授を務めている。現在、アクセル・ホネットやマルティン・ゼール、ライナー・フォアストなどとともに、ユルゲン・ハーバーマス以降の批判理論・フランクフルト学派を牽引する、現代ドイツで最も重要な思想家の一人であると見なされている。

だが本邦においては、彼の仕事や思想が十分に紹介されているとはいいがたい。その紹介のためにも、ここに著作リストを付しておく。

編著を除いた著作一覧（刊行年順）

- *Die Souveränität der Kunst. Ästhetische Erfahrung nach Adorno und Derrida*, Athenäum 1988; Überarbeitete Taschenbuchausgabe, Suhrkamp 1991.〔柿木伸之／胡屋武志／田中均／野内聡／安井正寛訳『芸術の至高性――アドルノとデリダによる美的経験』御茶の水書房、二〇一〇年〕
- *Tragödie im Sittlichen. Gerechtigkeit und Freiheit nach Hegel*, Suhrkamp 1996.〔『人倫における悲劇――ヘーゲルによる正義と自由』、未邦訳〕
- *Spiegelungen der Gleichheit*, Akademie 2000; *Spiegelungen der Gleichheit. Politische Philosophie nach Adorno und Derrida*, erweiterte Taschenbuchausgabe, Suhrkamp 2004.〔『平等の鏡反射――アドルノとデリダによる政治哲学』、未邦訳〕
- *Die Gegenwart der Tragödie. Versuch über Urteil und Spiel*, Suhrkamp 2005.〔『悲劇の現在――判断と戯れについての試論』、未邦訳〕
- (mit Arnd Pollmann): *Philosophie der Menschenrechte. Zur Einführung*, Junius 2007.〔アルント・ポルマンとの共著『人権の哲学　入門』、未邦訳〕
- *Kraft. Ein Grundbegriff ästhetischer Anthropologie*, Suhrkamp 2008; Taschenbuchausgabe mit einem neuen Vorwort, Suhrkamp 2017.〔本書〕
- *Recht und Gewalt*, August Verlag 2011.〔『法と暴力』、未邦訳〕

• *Die Kraft der Kunst*, Suhrkamp 2013.〔『芸術の力』、未邦訳〕
• (mit Rüdiger Campe und Anselm Haverkamp) *Baumgarten-Studien. Zur Genealogie der Ästhetik*, August Verlag 2014.〔リュディガー・カンペとアンゼルム・ハーファーカンプとの共著『バウムガルテン研究——美学の系譜学』、未邦訳〕
• *Kritik der Rechte*, Suhrkamp 2015.〔『法権利の批判』、未邦訳〕
• *Am Tag der Krise. Kolumnen*, August Verlag 2018.〔『危機の日　コラム集』、未邦訳〕
• *Autonomie und Befreiung. Studien zu Hegel*, Suhrkamp 2018.〔『自律と解放——ヘーゲル研究』、未邦訳〕
• *Theorie der Befreiung*, Suhrkamp 2022.〔『解放の理論』、近刊、未邦訳〕

その他、メンケの個々の論考については、以下の邦訳がある。

• 田中均訳「芸術作品の可能性」『美学藝術学研究』二九巻、二〇一一年。
• 毛利康俊訳「権利——形式のパラドクスによせて」、グンター・トイプナー編著、土方透監訳『デリダ、ルーマン後の正義論——正義は〈不〉可能か』新泉社、二〇一四年。
• 田中均訳「演劇の批判と弁護」『a＋a 美学研究』第一二号、二〇一八年。

邦訳された著作・論文からも窺える通り、本邦においてメンケの仕事は、主として美学や芸術論との関連から翻訳・紹介されてきたと言えるし、本書もそのコンテクストから理解できるものである。ただし、上記のリストからも一目瞭然であるように（また本書の議論がすでに示唆している通り）、メンケの仕事は狭義の美学・芸術論にとどまるものではなく、政治理論・法理論・主体性論・倫理学にわたって展開されている、という点は注記しておきたい。実際、訳者の一人の吉田がフランクフルト大学でメンケの授業に出席していた際、そこでは法哲学や主体性論に関わるテーマがさかんに扱われ、論じられていた。本邦でも、今後、メンケによるこういった議論の展開が紹介されていくことが俟たれるだろう。

本書の翻訳の経緯についても、簡単に述べておきたい。出発点と言えるのは、二〇一九年の社会思想史学会の懇親会の際、訳者の中村と吉田の間で、本書について意見を交わしたことであった。その後、人文書院の編集者の浦田千紘さんが本書に興味を示してくださり、中村との間で翻訳企画の検討が始まり、そこに吉田が加わった。こうして二〇二〇年の春頃から中村と吉田の二人で翻訳の企画を進めていたが、その後、杉山が、大学での講読において本書を扱っていたということから訳者に加わることとなり、最終的にこの三人で翻訳を進めることになった。

翻訳に際しては、まず各訳者がそれぞれの担当章の下訳を作成し、それをもとに全体について三人の間で検討会が重ねられた。担当箇所は次の通りである。

文庫版序言、序言、第一章、第六章……吉田
第二章、第三章……中村
第四章、第五章……杉山

複数人での翻訳ということで、訳語や翻訳方針については、何度も議論を重ねた。とりわけästhetisch（美的）やÄsthetisierung（美化）、或いはKraft（力）・Vermögen（能力）・Macht（威力・権能・権力など）といった鍵語に対応する日本語を確定するに際しては、少なからず検討作業が必要であった。訳者としては、できるだけ原文に即した一定の訳語を用いるよう試みたつもりだが、適切な翻訳となっているかどうかは、読者諸賢の判断に委ねる次第である。

最後になるが、本書をテクストとして取り上げた前述の杉山の講読に参加してくれた学生諸君に感謝したい。また、校正段階では小寺里枝さん、足立恵理子さん（彼女は前述の講義の参加者でもある）、また須藤孝也さんはじめ東京のキルケゴール研究会のメンバーに原稿を読んでもらい、有益なコメントを得た。彼女ら・彼らにも、この場を借りて感謝したい。そして、企画段階から伴走してくださり、編集実務を一手に引き受けながら、訳者の拘りに耳を傾けつつ訳文に的確なコメントを寄せていただ

いた人文書院の浦田千紘さんにも、最大限の謝意を伝えたい。

二〇二二年五月

訳者一同

について、それを止揚するのではなく、その事態に耐えぬくことこそが、「偉大な様式」を産出するのである（*GD*, SU, 11; 6, 119〔98頁〕）。以下を参照。Karl Heinz Bohrer, » Die Stile des Dionysos «, in: Bohrer, *Großer Stil. Form und Formlosigkeit in der Moderne*, München: Hanser 2007, S. 216-235.

5, 77f.〔42-44頁〕.
〔93〕 以下を参照。Robert Pippin, » Lightning and Flash, Agent and Deed (I 6-17) «, in: Otfried Höffe (Hrsg.), *Friedrich Nietzsche, Zur Genealogie der Moral*, Berlin: Akademie 2004, S. 47-64.
〔94〕 以下を参照。Hans Joas, *Die Kreativität des Handelns*, Frankfurt am Main: Suhrkamp 1992, S. 218ff. ——ニーチェの生の概念については以下を参照。Dieter Thomä, » Eine Philosophie des Lebens jenseits des Biologismus und diesseits der › Geschichte der Metaphysik ‹. Bemerkungen zu Nietzsche und Heidegger mit Seitenblicken auf Emerson, Musil und Cavell «, in: *Heidegger-Jahrbuch* 2, S. 265-296.
〔95〕 Nietzsche, *Nachgelassene Fragmente*, Anfang 1880［以下 Anfang 1880］, in: Nietzsche, *Kritische Studienausgabe*［本書注61を参照］, Bd. 9, S. 9-33, hier 1[120], S. 31〔「一八八〇年初頭」恒川隆男訳（『ニーチェ全集第十一巻（第1期）——遺された断想（一八八〇年初頭 - 八一年春）』白水社、1981年所収）、13-47頁、該当箇所は43頁〕.
〔96〕 以下を参照。Martin Seel, *Versuch über die Form des Glücks*, Frankfurt am Main: Suhrkamp 1995, S. 87ff.〔マルティン・ゼール『幸福の形式に関する試論——倫理学研究』高畑祐人訳、法政大学出版局、2018年、95頁以下〕
〔97〕 Ernst Tugendhat, *Vorlesungen über Ethik*, Frankfurt am Main: Suhrkamp 1993, S. 56.
〔98〕 このことは、自分自身を創造するとは自らの生に美しい作品という統一をもたらすことであるという理念をもってなされた、ニーチェ自身の実験に反対する方向をとりもする。ニーチェがこうした仕方で語るのは、「天才が作品にではなく、作品としての自分に用いる、あの力の劇」についてである（*M*, 548; 3, 319〔445頁〕)。ニーチェの言い方に従えば、「自分の性格に「様式を与える」ということ——これこそ偉大で稀有な芸術なのだ」（*FW*, 290; 3, 530〔302頁〕)。しかしながら、「統一」という目的によって生は、またもや社会的尺度に結び付けられ、そのようにして自らの美的自由を失ってしまう。——美的自由がもつ政治的帰結（これに関してはニーチェもまた語っている。本書173頁以下を参照）について、著者はここでこれ以上述べることはできない。以下の文献における示唆を参照。Juliane Rebentisch, » Demokratie und Theater «, in: Ensslin (Hrsg.), *Spieltrieb*［本書注65を参照］, S. 71-81.
〔99〕 この点については本書第四章（138頁以下）、美化のプロセスについての箇所で論じている。——芸術上の創造における力と能力の分岐という事態

Funktion der Tragödie nach Nietzsche«, in: Bettine Menke/Christoph Menke (Hrsg.), *Tragödie – Trauerspiel – Spektakel*, Berlin: Theater der Zeit 2007, S. 199-212.

〔89〕 Friedrich Nietzsche, »Die dionysische Weltanschauung«, 3; in: Nietzsche, *Kritische Studienausgabe* [本書注61を参照], Bd. 1, S. 551-578, hier S. 567〔「ディオニュソス的世界観」塩屋竹男訳（『ニーチェ全集２——悲劇の誕生』筑摩書房、1993年所収）、243-259頁、該当箇所は245頁〕. このことによって、「退廃者たち」を生から逃れさせてしまうような陶酔のあり方から、芸術上の陶酔が区別されることになる。以下を参照。*M*, 50; 3, 54f.〔65-67頁〕および *FW*, 370; 3, 620〔432頁〕. ——ディオニュソス的野蛮人からの区分については、以下を参照。Peter Sloterdijk, *Der Denker auf der Bühne: Nietzsches Materialismus*, Frankfurt am Main: Suhrkamp 1986, S. 59-71〔ペーター・スローターダイク『方法としての演技——ニーチェの唯物論』森田数実／中島裕昭／若林恵／藤井佳世訳、論創社、2011年、71-86頁〕.

〔90〕「わたしが歌い始めるとき、わたしは自分が何を行っているか知らない。というのもわたしは、わたしが歌うことができることを、知っていることがないからである。」さらには「それゆえに、自らの規定に最も忠実なのは、ひょっとすると、受容性の能力を持つような歌手であるかもしれない。この能力とは、非活動や冷静さの能力であり、〈できないこと〉ができることである。」(Alexander García Düttmann, *Kunstende. Drei ästhetische Studien*, Frankfurt am Main: Suhrkamp 2000, S. 25 u. 27.)

〔91〕 行為や行為者についての道徳性モデルを批判するものとしてのニーチェによる道徳性批判については、以下を参照。Bernard Williams, »Nietzsche's Minimalist Moral Psychology«, in: Williams, *Making Sense of Humanity*, Cambridge: Cambridge University Press 1995, S. 65-76. ——「道徳性」という言葉は、ニーチェにおいて、以下の文献で言われる意味での主体化の仕方を表している。Michel Foucault, *Sexualität und Wahrheit*, Bd. 2: *Der Gebrauch der Lüste*, übers. v. Ulrich Raulff/Walter Seitter, Frankfurt am Main: Suhrkamp 1986, S. 36-46〔ミシェル・フーコー『性の歴史Ⅱ——快楽の活用』田村俶訳、新潮社、1986年、34-44頁〕. 以下を参照。Martin Saar, *Genealogie als Kritik. Geschichte und Theorie des Subjekts nach Nietzsche und Foucault*, Frankfurt am Main: Campus, 2007.

〔92〕 ここからの箇所については以下を参照。Nietzsche, *Zur Genealogie der Moral* [本書注61を参照], I. 13, S. 278-281〔404-407頁〕. 以下も参照。*M*, 115-116; 3, 107-109〔136-139頁〕および *GD*,「哲学における「理性」」, 5;

第六章

〔85〕 Friedrich Nietzsche, *Nachgelassene Fragmente*, September 1870 - Januar 1871, in: Nietzsche, *Kritische Studienausgabe*［本書注61を参照］, Bd. 7, S. 93-128, hier 5[22], S. 97〔「一八七〇年九月 - 一八七一年一月」谷本慎介／清水本裕訳（『ニーチェ全集第三巻（第１期）——遺された断想（一八六九年秋 - 七二年秋）』白水社、1981年所収）、127-175頁、該当箇所は133頁〕. ——ニーチェの著作からの引用に際しては、*Kritische Studienausgabe*［本書注61を参照］に従い、章ないしは節番号を記載する。またセミコロンの後には、巻数と頁数を記載する。その際、以下の略号を用いる。*FW: Die Fröhliche Wissenschaft* (Bd. 3)〔『ニーチェ全集８——悦ばしき知識』信太正三訳、筑摩書房、1993年〕; *GD: Götzen-Dämmerung oder Wie man mit dem Hammer philosophiert* (Bd. 6)〔『ニーチェ全集14——偶像の黄昏　反キリスト者』原佑訳、筑摩書房、1994年〕; *GT: Die Geburt der Tragödie* (Bd. 1)〔『ニーチェ全集２——悲劇の誕生』塩屋竹男訳、筑摩書房、1993年〕; *M: Morgenröthe* (Bd. 3)〔『ニーチェ全集７——曙光』茅野良男訳、筑摩書房、1993年〕.

〔86〕 Friedrich Nietzsche, *Nachgelassene Fragmente*, Sommer 1872 - Anfang 1873, in: Nietzsche, *Kritische Studienausgabe*［本書注61を参照］, Bd. 7, S. 417-520, hier 19[30], S. 426〔「一八七二年夏 - 一八七三年初頭」大河内了義訳（『ニーチェ全集第四巻（第１期）——遺された断想（一八七二年夏 - 七四年末）』白水社、1981年所収）、13-168頁、該当箇所は24頁〕.

〔87〕 以下を参照。*GT*, 12; I, 84〔110頁〕; Friedrich Nietzsche, »Der Fall Wagner - Ein Musikanten-Problem«, 5-8; in: Nietzsche, *Kritische Studienausgabe*［本書注61を参照］, Bd. 6, S. 9-54, hier S. 21-32〔「ヴァーグナーの場合——音楽家の一問題」浅井真男訳（『ニーチェ全集第三巻（第２期）』白水社、1983年所収）、207-262頁、該当箇所は225-237頁〕.

〔88〕 以下を参照。*GT*, 4; I, 39〔49頁〕、「仮象が仮象へと弱まる作用」. ——この点については以下を参照。Karl Heinz Bohrer, »Ästhetik und Historismus: Nietzsches Begriff des ›Scheins‹«, in: Bohrer, *Plötzlichkeit. Zum Augenblick des ästhetischen Scheins*, Frankfurt am Main: Suhrkamp 1981, S. 111-138. 以下も参照。Paul de Man, »Rhetorik der Tropen [*Nietzsche*]«, in: de Man, *Allegorien des Lesens*, übers. v. Werner Hamacher/Peter Krumme, Frankfurt am Main: Suhrkamp 1988, S: 146-163〔ポール・ド・マン「文彩のレトリック（ニーチェ）」土田知則訳（『読むことのアレゴリー　ルソー、ニーチェ、リルケ、プルーストにおける比喩的言語』岩波書店、2012年所収）、135-154頁〕; David E. Wellbery, »Form und

〔82〕 Friedrich Schlegel, » Kritische Fragmente [aus dem *Lyceum*] «, Nr. 108, in: Schlegel, *Studienausgabe* [本書注76を参照], Bd. 1, S. 238-250, hier S. 248〔31頁〕. シュレーゲルは、これによってソクラテス的イロニーを説明しているが、それを彼は（ここでは）美的イロニーをモデルとして記述している。——ここからの箇所については本書第三章、98頁以下を参照。

〔83〕 こうした可能性のカテゴリーの複雑化を、「潜在性」（ジル・ドゥルーズ）や「潜勢力」（ジョルジョ・アガンベン）といった表現で置き換えようという提案は、目指している。ここでわたしは、ジャック・デリダの以下の文献に依拠して定式化しておく。Jacques Derrida, » Signatur Ereignis Kontext «, übers. v. Donald Watts Tuckwiller, in: Derrida, *Randgänge der Philosophie*, Wien: Passagen 1988, S. 291-314, hier S. 313〔ジャック・デリダ『哲学の余白 下』高橋允昭／藤本一勇訳、法政大学出版局、2008年、266-267頁〕). ——こうしたデリダの思想（可能性の条件は同時に不可能性の条件として把握されねばならない）に、美学の「修辞学的」読解も連なっている。系譜学的読解と同様に、それは実践的成功の哲学的説明を実践的能力によって「脱構築」する。しかし、系譜学的読解と異なり、それは美学——バウムガルテンの『美学』——を、実践的能力によって排除されながらもさらに作用し続けるような、最初は曖昧な力への反省としてではなく、その「潜伏」（ハーファーカンプ）によって成功の効果を生むような、隠された「形の彩」（カンペ）への反省として解釈する。以下を参照。Rüdiger Campe, » Bella Evidentia. Begriff und Figur von Evidenz in Baumgartens Ästhetik «, in: *Deutsche Zeitschrift für Philosophie*, 49 (2001), S. 243-255; ders., » Der Effekt der Form. Baumgartens Ästhetik am Rande der Metaphysik «, in: Eva Horn/Betine Menke/Christoph Menke (Hrsg.), *Literatur als Philosophie - Philosophie als Literatur*, München: Fink, 2005, S. 17-34; Anselm Haverkamp, *Figura cryptica. Theorie der literarischen Latenz*, Frankfurt am Main: Suhrkamp 2002, S. 23ff., 73ff.; ders., *Metapher. Die Ästhetik in der Rhetorik*, München: Fink 2007, S. 42ff. ——これによって提起される問題は、こうである。（美的）力と（修辞学的）彩とは、いかなる関係にあるのか？　美的系譜学は、こう主張する。彩は力の（表現）効果である、と。

〔84〕 たとえば、意味の概念の考察については Khurana, *Sinn und Gedächtnis* を、意志の概念の考察については Setton, *Unvermögen - Akrasia - Infantia* を、参照［どちらも本書注18を参照］。

Schlegel, *Studienausgabe*, hrsg. v. Ernst Behler/Hans Eichner, Paderborn: Schöningh 1988, Bd. 2, S. 105–156, hier S. 127〔フリードリヒ・シュレーゲル『ロマン派文学論』山本定祐編訳、冨山房百科文庫、1999年、55頁〕.

第五章

〔77〕 以下を参照。Jean-François Lyotard, *Die Analytik des Erhabenen* (*Kant-Lektionen, Kritik der Urteilskraft,* §§*23–29*), übers. v. Christine Pries, München: Fink 1994, S. 80f.〔ジャン゠フランソワ・リオタール『崇高の分析論――カント『判断力批判』についての講義録』星野太訳、法政大学出版局、2020年、99-101頁〕. ――認識力の「生動化」からその「調和」(*KdU,* §9) への証明されざる移行には、「自由」と「法則」(§35) との、やはり証明されざる結合が対応する。――以下を参照。Rodolphe Gasché, *The Idea of Form. Rethinking Kant's Aesthetics*, Stanford: Stanford University Press 2003, S. 42ff.

〔78〕 このような要点を示すものとして、以下を参照。Kern, *Schöne Lust* [本書注73を参照], S. 296ff. ――このように、美的なものを自己確認の媒体として規定することを、ポール・ド・マンは「美的イデオロギー」であると分析した。以下を参照。Paul de Man, *Die Ideologie des Ästhetischen*, übers. v. Jürgen Blasius, Frankfurt am Main: Suhrkamp 1993, Teil I〔ポール・ド・マン『美学イデオロギー』上野成利訳、平凡社、2013年、第1章「メタファーの認識論」〕. この点については以下も参照。Jens Szczepanski, *Subjektivität und Ästhetik. Gegendiskurse zur Metaphysik des Subjekts im ästhetischen Denken bei Schlegel, Nietzsche und de Man*, Bielefeld: Transcript 2007, Kap. 3.

〔79〕 Eric A. Havelock, *Preface to Plato*, Cambridge, Mass./London: The Belknap Press 1963, Kap. I und II; Heinz Schlaffer, *Poesie und Wissen. Die Entstehung des ästhetischen Bewußtseins und der philologischen Erkenntnis*, Frankfurt am Main: Suhrkamp 1990, Teil 1.

〔80〕 Xenophanes, »Sillen«, 11 u. 18; in: Hermann Diels/Walther Kranz, *Die Fragmente der Vorsokratiker*, Bd. 1, Zürich/Hildesheim: Weidmann 1992, S. 131 u. 133〔『ソクラテス以前哲学者断片集』藤沢令夫／内山勝利訳、岩波書店、1996-1998年、第一分冊272頁および74-75頁〕.

〔81〕 以下を参照。Hans Blumenberg, »Der Sturz des Protophilosophen – Zur Komik der reinen Theorie, anhand einer Rezeptionsgeschichte der Thales-Anekdote«, in: Wolfgang Preisendanz/Rainer Warning (Hrsg.), *Das Komische*, München: Fink 1976, S. 11–64.

nova methodo [Kollegsnachschrift]; zit. nach Wolfram Hogrebe, » Fichte und Schiller. Eine Skizze «, in: Jürgen Bolton [Hrsg.], *Schillers Briefe über ästhetische Erziehung*, Frankfurt am Main: Suhrkamp, 1984, S. 276-289, hier S. 285〔「新たな方法による知識学」鈴木琢真／千田義光／藤澤賢一郎訳(『フィヒテ全集　第七巻――イェーナ時代後期の知識学』哲書房、1999年所収)、356頁〕)。――美的反省と哲学的反省の関係の、カントの規定については、本書第五章、156頁以下を参照。

〔71〕このように（批判的な含意をこめて）特徴づけるものとして、ガダマーの以下の文献を参照。Gadamer, *Wahrheit und Methode* [本書注32を参照], S. 84ff.〔126頁以下〕

〔72〕この自己変貌には、美的なものの「倫理的かつ政治的」意義も存している。この点については本書第六章を参照。

〔73〕Carl Schmitt, *Politische Romantik*, Berlin: Duncker & Humblot ^{3}1968, S. 23〔カール・シュミット『政治的ロマン主義』大久保和郎訳、みすず書房、2012年、21頁〕. この批判に対する再批判については以下を参照。Karl Heinz Bohrer, *Die Kritik der Romantik*, Frankfurt am Main: Suhrkamp, 1989, S. 284ff. ――カントにおける美的対象の問題については以下を参照。Andrea Kern, *Schöne Lust. Eine Theorie der ästhetischen Erfahrung nach Kant*, Frankfurt am Main: Suhrkamp, 2000, S. 117ff.

〔74〕以下を参照。Winfried Menninghaus, » › Darstellung ‹. Friedrich Gottlieb Klopstocks Eröffnung eines neuen Paradigmas «, in: Christiaan L. Hart Nibbrig (Hrsg.), *Was heißt » Darstellen «?*, Frankfurt am Main: Suhrkamp 1994, S. 205-226. ――メニングハウスは、この新たなパラダイムを1770年代後半に同定している。ヘルダー、ズルツァーそしてメンデルスゾーンのテクストは、それに先立つ20年間に成立している。

〔75〕Friedrich Schiller, *Über die ästhetische Erziehung des Menschen in einer Reihe von Briefen*, in: Schiller, *Sämtliche Werke*, hrsg. v. Gerhard Fricke/Herbert G. Göpfert, München: Hanser 1980, Bd. 5, S. 570-669, hier S. 663〔フリードリヒ・フォン・シラー『人間の美的教育について』小栗孝則訳、法政大学出版局、2011年、165頁〕.（「想像的なもの」の）戯れと形態との緊張については以下を参照。Wolfgang Iser, » Von der Gegenwärtigkeit des Ästhetischen «, in: Joachim Küpper/Christoph Menke (Hrsg.), *Dimensionen ästhetischer Erfahrung*, Frankfurt am Main: Suhrkamp 2003, S. 176-202. これに対して、対象と戯れの連関については以下を参照。Martin Seel, *Ästhetik des Erscheinens*, München: Hanser 2000, S. 70ff.

〔76〕Friedrich Schlegel, » Fragmente [aus dem *Athenäum*] «, Nr. 238, in:

Kant, *Werke*, hrsg. v. Wilhelm Weischedel, Darmstadt: Wissenschaftliche Buchgesellschaft 1983, Bd. V〔イマヌエル・カント『判断力批判』熊野純彦訳、作品社、2015年。邦訳に原著頁数併記のため、邦訳頁数は挙げない〕. これと反対の解釈としては以下を参照。Konrad Paul Liessmann, *Reiz und Rührung. Über ästhetische Empfindungen*, Wien: Facultas 2004, S. 37-40および Alenka Zupančič, » Real-Spiel «, in: Felix Ensslin [Hrsg.], *Spieltrieb. Was bringt die Klassik auf die Bühne?*, Berlin: Theater der Zeit 2006, S. 200-211, hier S. 209f.

〔66〕「それゆえ、芸術が最高に重要なものとなるのは、わたしたちの魂の力を、善悪を生き生きと描くことによって、きわめて有利な作用の中に維持することによってであり、そこにこの技術の重要な力がある」(Johann Georg Sulzer, Art. » Kraft «, in: Sulzer, *Allgemeine Theorie der schönen Künste*, Dritter Theil, Leipzig: Weidemann ²1793, Reprint Hildesheim u.a.: Olms 1994, S. 65)。

〔67〕 Edmund Burke, *A Philosophical Enquiry into the Origin of our Ideas of the Sublime and Beautiful* [以下 *Enquiry*], hrsg. v. Adam Phillips, Oxford/New York: Oxford University Press 1990, S. 122〔エドマンド・バーク『崇高と美の観念の起源』中野好之訳、みすず書房、1999年、145頁〕.

〔68〕 Moses Mendelssohn, » Rhapsodie oder Zusätze zu den Briefen über die Empfindungen « [以下 » Rhapsodie «], in: Mendelssohn, *Ästhetische Schriften in Auswahl*, hrsg. v. Otto F. Best, Darmstadt: Wissenschaftliche Buchgesellschaft 1974, S. 127-165. メンデルスゾーンの著作の論証構造や前史、意義については以下を参照。Carsten Zelle, *Angenehmes Grauen. Literaturhistorische Beiträge zur Ästhetik des Schlecklichen im achtzehnten Jahrhundert*, Hamburg: Meiner 1987, Kap. IV.

〔69〕 Moses Mendelssohn, » Von dem Vergnügen «, in: Mendelssohn, *Ästhetische Schriften* [本書注68を参照], S. 111-115, hier S. 111. 喜びは「何らかの善を所有しているという考えから」生まれる (René Descartes, *Die Leidenschaften der Seele*, hrsg. u. übers. v. Klaus Hammacher, Hamburg: Meiner 1996, Art. 93, S. 145〔『情念論』花田圭介訳 (『デカルト著作集　第3巻』白水社、2001年所収)、212頁〕)。

〔70〕「通常の観点では、世界は与えられたものとして現象する。超越論的観点では、世界はあたかもわたしたちが作ったかのように現象し、美的観点では、世界はわたしたちに対して、与えられたものとして現象するとともに、わたしたち自身が作ってきたかのように、またわたしたち自身が作るであろうかのように現象しもする」(Johann Gottlob Fichte, *Wissenschaftslehre*

書注20を参照〕, S. 388f.

〔58〕 ここでのヘルダーの思考は両義的である。個の「家長権および所有権」が無制限に尊重されるべき「母語」についての彼のコンセプト（*Über die neuere deutsche Literatur.* [...] *Dritte Sammlung*〔本書注20を参照〕, S. 388）は、人間における曖昧なメカニズムとその主体性との間の異他性を平準化してしまう。

〔59〕 Platon, *Ion*, 533e–534a, übers. v. Friedrich Schleiermacher, in: Platon, *Sämtliche Werke*, hrsg. v. Karlheinz Hülser, Frankfurt am Main/Leipzig: Insel 1991, Bd. I, S. 23–59〔『プラトン『イオン』533E–534B（『プラトン全集10』森進一訳、岩波書店、1975年所収）〕. 以下を参照。*Apologie*, 22b–c, in: Platon, *Sämtliche Werke*, Bd. I, S. 197–261〔『ソクラテスの弁明』22b–c〕.

〔60〕 Hans-Georg Gadamer, »Plato und die Dichter«, in: Gadamer, *Gesammelte Werke*, Tübingen: Mohr 1993, Bd. 5, S. 187–211, hier S. 189.

〔61〕 このように（ただしプラトンではなくショーペンハウアーについて）論じるものとしてフリードリヒ・ニーチェ『道徳の系譜』第三論文の以下の箇所を参照。Friedrich Nietzsche, *Zur Genealogie der Moral*, III. 5, in: Nietzsche, *Kritische Studienausgabe*, hrsg. v. Giorgio Colli/Mazzino Montinari, München/Berlin/New York: Deutscher Taschenbuch Verlag/de Gruyter ²1988, Bd. 5, S. 346〔『ニーチェ全集11――善悪の彼岸　道徳の系譜』信太正三訳、筑摩書房、1993年、495頁〕.

〔62〕 そこに示される「美的なもの」の分裂については、本書138頁以下（「美的になること」）を参照。

〔63〕 Johann Georg Sulzer, »Von der Kraft (Energie) in den Werken der schönen Künste«〔以下 »Energie«〕, in: Sulzer, *Vermischte philosophische Schriften*, Leipzig: Weidemann und Reich 1773, Reprint Hildesheim/New York: Olms 1974, Bd. 1, S. 122–145, hier S. 122. Die Horazstelle lautet: »[D]er sprühende Geist, die wuchtige Kraft in Stoff und Sprache«. 以下を参照。*Sermones* I. 4, in: Horaz, *Sämtliche Werke*, hrsg. v. Hans Färber, München: Heimeran 1970, Teil II, S. 29–37, hier S. 31〔『ホラティウス全集』鈴木一郎訳、玉川大学出版部、2001年、63–64頁〕.

〔64〕 Klaus Dockhorn, »Die Rhetorik als Quelle des vorromantischen Irrationalismus in der Literatur- und Geistesgeschichte«, in: Dockhorn, *Macht und Wirkung der Rhetorik. Vier Aufsätze zur Ideengeschichte der Vormoderne*, Bad Homburg u.a.: Gehlen, 1968, S. 46–95, hier S. 94. パトスとその感動させる力の修辞学理論についてはS. 53ff. を参照。

〔65〕 Immanuel Kant, *Kritik der Urteilskraft*〔以下 *KdU*〕, §14, B43; in:

Bildung der Menschheit, in: Herder, *Werke*, Bd. 4［本書注44を参照］, S. 9-108, hier S. 40〔ヘルダー「人間性形成のための歴史哲学異説」小栗浩／七字慶紀訳（『世界の名著　続７』中央公論社、1975年所収）、75-176頁、該当箇所は107頁〕.

〔54〕 Johann Gottfried Herder, *Ideen zur Philosophie der Geschichte der Menschheit*, I. Teil, 4. Buch, IV, in: Herder, *Werke*, Bd. 6, hrsg. v. Martin Bollacher, Frankfurt am Main: Deutscher Klassiker Verlag 1989, S. 143. ヘルムート・プレスナーはこの箇所を以下の著作の結論部で引いている。Helmuth Plessner, *Lachen und Weinen. Eine Untersuchung der Grenzen menschlichen Verhaltens*（in: Plessner, *Gesammelte Schriften*, Bd. 7, Frankfurt am Main: Suhrkamp 1982, S. 201-388, hier S. 384）〔ヘルムート・プレスナー「笑いと泣き——人間的行動の限界の探究」滝浦静雄／小池稔／安西和博訳（『笑いと泣きの人間学』紀伊国屋書店、1984年所収）、9-251頁、該当箇所は251頁〕. そこで彼は、美学と人間学を繋げるための綱領を定式化している。同時にこれは、「美的領域を支配すると称する美醜の概念の役割についての先入見によって」規定されている美学や、「古典哲学の影にかくれて、それによる規範的規律の原則を受け入れてしまった」ような従来の「人間の行動にかんする教説」に対抗することを目指している。——プレスナーについては、以下の文献による再構成を参照。Hans-Peter Krüger, *Zwischen Lachen und Weinen*, Bd. 1: *Das Spektrum menschlicher Phänomene*, Berlin: Akademie 1999. これにつづく箇所については以下も参照。Gerhard Gamm, *Flucht aus der Kategorie. Die Positivierung des Unbestimmten als Ausgang aus der Moderne*, Frankfurt am Main: Suhrkamp 1994, S. 73ff., 212ff.

〔55〕 Herder, » Versuch über das Sein «［本書注45を参照］, S. II. ——ヘルダーによるこのような解釈の帰結でもあるのが、アドラーによるこの箇所の読解である。アドラーによれば、「ヘルダーはここで、「全体的人間」という表象を現実化している」（*Die Prägnanz des Dunklen*［本書注40を参照］, S. 54）。

第四章

〔56〕 もちろんヘルダーは、こうした精神生理学的認識の素材について、次のように述べている。「伝記、医師や友人の観察、詩人の予言——これらのみが、真の魂論 Seelenlehre への素材をわたしたちにもたらしてくれる」（*Erkennen*, 340）。

〔57〕 Herder, *Über die neuere deutsche Literatur*. [...] *Dritte Sammlung*［本

Philosophische Schriften［本書注14を参照］, Bd. 1, S. 195–201, hier S. 199〔ライプニッツ「第一哲学の改善と実体概念」河野与一訳（『単子論』、岩波書店、1951年所収）、305–309頁、該当箇所は307頁〕.

〔50〕 たとえば、ニュートンの力の概念がそうである。以下を参照。Jean Starobinski, *Aktion und Reaktion. Leben und Abenteuer eines Begriffspaars*, Frankfurt am Main: Suhrkamp 2003, S. 35–42〔ジャン・スタロバンスキー『作用と反作用——ある概念の生涯と冒険』井田尚訳、法政大学出版局、2004年、25–32頁〕.（ここで引用されている定式はリチャード・S・ウェストフォールに由来する。同上 S. 38〔28頁〕.）アレクサンドル・コイレが示したように、ニュートン自身は純粋に機械論的な力の概念では不十分であると考えていた。以下を参照。Alexandre Koyré, *From the Closed World to the Infinite Universe*, Baltimore: Johns Hopkins University Press 1957, Kap. 9〔アレクサンドル・コイレ『閉じた世界から無限宇宙へ』横山雅彦訳、みすず書房、1974年、第9章〕.

〔51〕 こうした理由でヘルダーは「精神的紐帯」を話題にしている。「精神的紐帯」は生命あるものを構成し、さらにいえば、「それ以上は説明できないものの、ただそこに在るだけで、幾千もの現象のうちに示されるがゆえに、信じざるを得ない」ものなのである（*Erkennen*, 335)。したがって、ヘルダーはここで、生命あるものという概念を客観的な意味で用いることに対するカントの懐疑的な姿勢を共有している。以下を参照。James L. Larson, » Vital Forces: Regulative Principles or Constitutive Agents? A Strategy in German Physiology, 1786–1802 «, in: *Isis*, Vol. 70（1979）, S. 235–249. 以下のブルーメンバッハ教授による文献と関連して論じられている。Prof. Blumenbach, » Über den Bildungstrieb（Nisus formativus）und seinen Einfluß auf die Generation und Reproduktion «, in: *Göttingisches Magazin der Wissenschaften und Literatur*, hrsg. v. Georg Christoph Lichtenberg/Georg Forster, I. Jahrgang（1780）, 5. Stück, S. 247–266.

〔52〕 ヘルダーは「戯れ」の形象を用いることで、諸力の作用を能力の行使から区別している。それに対して、カントやとりわけシラー以降は、戯れの概念が用いられることで、力と能力の間の区別それ自体が、つまりその関係が特徴づけられるようになった。このように論じるものとして以下も参照。Ruth Sonderegger, *Für eine Ästhetik des Spiels. Hermeneutik, Dekonstruktion und der Eigensinn der Kunst*, Frankfurt am Main: Suhrkamp 2000, Teil II（フリードリヒ・シュレーゲルと関連して論じられている）.

〔53〕 Johann Gottfried Herder, *Auch eine Philosophie der Geschichte zur*

Verlag 1994, S. 327-394, hier S. 338.

〔45〕 Johann Gottfried Herder, »Versuch über das Sein«, in: Herder, *Werke*, Bd. 1［本書注20を参照］, S. 9-21, hier S. 15.

〔46〕 ヘルダーの表現概念の構造については以下を参照。Charles Taylor, *Sources of the Self. The Making of the Modern Identity*, Cambridge, Mass.: Harvard University Press 1989, S. 368ff.（ドイツ語訳は Übers. v. Joachim Schulte: *Quellen des Selbst. Die Entstehung der neuzeitlichen Identität*, Frankfurt am Main: Suhrkamp 1996, S. 639ff.）〔チャールズ・テイラー『自我の源泉——近代的アイデンティティの形成』下川潔／桜井徹／田中智彦訳、名古屋大学出版会、2010年〕. とはいえ、テイラーは表現されたものを力としてではなく、意味として捉えている。というのも、「力」をテイラーは因果論的な意味でしか捉えていないからである。以下を参照。Charles Taylor, »Force et sens«, in: Gary Brent Madison (Hrsg.), *Sens et existence. En hommage à Paul Ricœur*, Paris: Seuil 1975, S. 124-137. ——リュディガー・カンペは、「表現」が外化行為の表現であると同時に、意味の志向作用の表現として捉えられたことで、一七・一八世紀にいかに「均質化」されてしまったかを示した。以下を参照。Rüdiger Campe, *Affekte und Ausdruck. Zur Umwandlung der literarischen Rede im 17. und 18. Jahrhundert*, Tübingen: Niemeyer 1990, v. a. Kap. II, S. 184, 206f. こうした時代診断に対して、ヘルダーの「表現主義 Expressivismus」は両義的に関係している。つまり、彼は表現を遡って行為に関係づけると同時に、この行為を「解釈学的」ではない仕方で理解している（Campe, *Affekt und Ausdruck*, S. 190）。

〔47〕 ヘルダーの力の概念がもつさまざまな側面については以下を参照。Robert Clark, »Herder's Conception of ›Kraft‹«, in: *Publications of the Modern Language Association*, Vol. 57, No. 3 (1942), S. 737-752. 以下を参照。Ulrike Zeuch, »›Kraft‹ als Inbegriff menschlicher Seelentätigkeit in der Anthropologie der Spätaufklärung (Herder und Moritz)«, in: *Jahrbuch der Schillergesellschaft*, Bd. XLIII (1999), S. 99-122.

〔48〕 Johann Gottfried Herder, *Kritische Wälder. Oder Betrachtungen über die Wissenschaft und Kunst des Schönen. Erstes Wäldchen. Herrn Leßings Laokoon gewidmet*, in: Herder, *Werke*, Bd. 2［本書注41を参照］, S. 57-247, hier S. 196. 以下を参照。Torra-Mattenklott, *Metaphorologie der Rührung*［本書注42を参照］, S. 314f.

〔49〕 Gottfried Wilhelm Leibniz, »Über die Verbesserung der ersten Philosophie und über den Begriff der Substanz«, in: Leibniz,

る美学・倫理学・政治の連関についての綿密な研究に関しては、以下を参照。Howard Caygill, *The Art of Judgment*, Oxford: Blackwell 1989, S. 103ff.

第三章

〔40〕 この草稿群に編者は以下の標題を付している。» Begründung einer Ästhetik in der Auseinandersetzung mit Alexander Gottlieb Baumgarten «［以下 » Baumgarten «］, in: Herder, *Werke*, Bd. I［本書注20を参照］, S. 651-694. この引用箇所は S. 662. ——以下を参照。Hans Adler, *Die Prägnanz des Dunklen. Gnoseologie - Ästhetik - Geschichtsphilosophie bei Johann Gottfried Herder*, Hamburg: Meiner 1990, S. 63 ff. アドラーは曖昧なものというヘルダーの概念のことを、より深い（そして同時により高次で美しくもある）統一性を（明晰性というカテゴリーとしての）形式によって目指すものだと理解している。そして彼はこのことをヘルダーの諸芸術の理論をもとに説明している（S. 88-149）。わたしの試みは、ヘルダーが曖昧なものを力だと理解している点に向けられている。そのためわたしはここで、ヘルダーの諸芸術の理論を考慮に入れていない（この点については本書第四章を参照）。

〔41〕 Johann Gottfried Herder, *Kritische Wälder. Oder Betrachtungen über die Wissenschaft und Kunst des Schönen. Viertes Wäldchen über Riedels Theorie der schönen Künste*［以下 *Wäldchen*］, in: Herder, *Werke*, Bd. 2 (*Schriften zur Ästhetik und Literatur. 1767-1781*), hrsg. v. Gunter E. Grimm, Frankfurt am Main: Deutscher Klassiker Verlag 1993, S. 247-442, hier S. 282.

〔42〕 Johann Gottfried Herder, » ‹Wie die Philosophie zum Besten des Volks allgemeiner und nützlicher werden kann› «, in: Herder, *Werke*, Bd. 1［本書注20を参照］, S. 101-134, hier S. 132. 以下を参照。Caroline Torra-Mattenklott, *Metaphorologie der Rührung. Ästhetische Theorie und Mechanik im 18. Jahrhundert*, München: Fink 2002, Kap. 5, hier S. 301.

〔43〕 この点については以下。Hans Adler, » Fundus Animae - der Grund der Seele. Zur Gnoseologie des Dunklen in der Aufklärung «, in: *Deutsche Vierteljahrsschrift für Literaturwissenschaft und Geistesgeschichte*, Bd. 62 (1988), S. 197-220.

〔44〕 Johann Gottfried Herder, *Vom Erkennen und Empfinden der menschlichen Seele*［以下 *Erkennen*］, in: Herder, *Werke*, Bd. 4 (*Schriften zu Philosophie, Literatur, Kunst und Altertum. 1774-1787*), hrsg. v. Jürgen Brommack/Martin Bollacher, Frankfurt am Main: Deutscher Klassiker

〔34〕 Joachim Ritter, » Landschaft. Zur Funktion des Ästhetischen in der modernen Gesellschaft «, in: Ritter, *Subjektivität*, Frankfurt am Main: Suhrkamp 1974, S. 141-164［以下 » Landschaft «］〔ヨアヒム・リッター「風景――近代社会における美的なものの機能をめぐって」藤野寛訳（安彦一恵／佐藤康邦編『風景の哲学』、ナカニシヤ出版、2002年所収）、189-218頁〕. わたしはここで、ドイツでの議論の範例であるリッターの立場のうち、主体理論的な側面に絞って論じている。リッターは主体理論的な側面を次のような広範なテーゼに繋げている。それは、美的な世界関係においては、古代のテオリア *theoria* の根本構造が近代的条件のもとで残存しているというテーゼである。

〔35〕 Joachim Ritter, » Subjektivität und Industrielle Gesellschaft «, in: Ritter, *Subjektivität*［本書注34を参照］, S, 11-35, hier S. 31. これこそが、リッターがアドルノと一致する点である。芸術は「社会と対抗的な位置にあることで社会的なものに転じる」(Theodor W. Adorno, *Ästhetische Theorie*, in: Adorno, *Gesammelte Schriften*, Bd. 7, Frankfurt am Main: Suhrkamp 1970, S. 335〔テオドール・W・アドルノ『美の理論』大久保健二訳、河出書房新社、1985年、384頁〕)。

〔36〕 生動的な認識は、「類似、匹敵、一致するもの、驚くべき仕方で同一のものから［…］別の類似、匹敵、一致するもの、そして驚くべきしかたで同一のものが認識」されるということに存する（*Ästhetik*, §735)。バウムガルテンの美学は、メタファーのモデルを調整している。――活発さ Lebendigkeit という美的概念については以下を参照。Jan Völker, *Ästhetik der Lebendigkeit*, Diss. Potsdam 2008.

〔37〕 Michel Foucault, *Surveiller et punir. Naissance de la prison*, Paris: Gallimard 1975; ドイツ語訳は Übers. v. Walter Seitter: *Überwachen und Strafen. Die Geburt des Gefängnisses*, Frankfurt am Main: Suhrkamp 1977［以下 *Überwachen*］〔ミシェル・フーコー『監獄の誕生――処罰と監視』新装版、田村俶訳、新潮社、2020年〕.

〔38〕 Michel Foucault, » Eine Geschichte, die stumm geblieben ist «［über: Ernst Cassirer, *Die Philosophie der Aufklärung*］, in: Foucault, *Schriften*, Bd. 1, Frankfurt am Main: Suhrkamp 2001, S. 703-708〔「無言の歴史」増田真訳（『ミシェル・フーコー思考集成Ⅱ』筑摩書房、1999年所収）、373-378頁〕.

〔39〕 以下を参照。Terry Eagleton, *The Ideology of the Aesthetic*, Oxford/ Cambridge, Mass. 1990, Kap. 1〔テリー・イーグルトン『美のイデオロギー』鈴木聡他訳、紀伊國屋書店、1996年、第１章〕. バウムガルテンにおけ

〔30〕 このように論じるものとして、ハンス・ルドルフ・シュヴァイツァーによる、バウムガルテンの『形而上学』§527についての以下の注釈を参照。Alexander Gottlieb Baumgarten, *Texte zur Grundlage der Ästhetik*, hrsg. und übers. v. Hans Rudolf Schweizer, Hamburg: Meiner 1983, S. 89.（以下、『形而上学』［以下 *Metaphysik*］〔樋笠勝士／井奥陽子／津田栞里訳「バウムガルテン『形而上学』（第四版）「経験的心理学」訳註その1」『成城文藝』第233・234号（合併号）、2015年、53-73頁〕の心理学章からの引用は、この部分転載による。）これによって「主観性」は「趣味」の後継概念となる。このように論じるものとして以下。Karl Homann, » Zum Begriff › Subjektivität ‹ bis 1802 «, in: *Archiv für Begriffsgeschichte*, Band II（1967）, S. 184-205, hier S. 204f. ――哲学史的文脈については以下を参照。Hartmut Scheible, *Wahrheit und Subjekt. Ästhetik im bürgerlichen Zeitalter*, Reinbek bei Hamburg: Rowohlt 1988, S. 72ff. 以下を参照。Arbogast Schmitt, » Die Entgrenzung der Künste durch ihre Ästhetisierung bei Baumgarten «, in: Gert Mattenklott（Hrsg.）, *Ästhetische Erfahrung im Zeichen der Entgrenzung der Künste. Epistemische, ästhetische und religiöse Formen von Erfahrung im Vergleich*（*Zeitschrift für Ästhetik und Allgemeine Kunstgeschichte*, Sonderheft 2004）, Hamburg: Meiner 2004, S. 55-71.

〔31〕 以下を参照。Rudolf Rehn, Art. » Subjekt/Prädikat I «, in: Joachim Ritter/Karlfried Gründer（Hrsg.）, *Historisches Wörterbuch der Philosophie*, Bd. 10, Basel: Schwabe 1998, Sp. 433-437. 前近代の主体概念のさらなる――存在論的、修辞的、政治的な――意義の諸相については、以下を参照。Brigitte Kible, Art. » Subjekt I «, 同上 Sp. 373-383.

〔32〕 ハンス＝ゲオルク・ガダマーがカント以前の美学を「人文主義的」で根本的にアリストテレス的な主導概念の改革と解するとき（以下を参照。*Wahrheit und Methode. Grundzüge einer philosophischen Hermeneutik*, Tübingen: Mohr［Siebeck］^{4}1975, S. 7-38〔ハンス＝ゲオルク・ガダマー『真理と方法 I ――哲学的解釈学の要綱』新装版、轡田収／麻生建／三島憲一／北川東子／我田広之／大石紀一郎訳、法政大学出版局、2012年、3-59頁〕）、そこで彼は美学が啓蒙であることをおろそかにしている。そしてそれゆえに彼は、すでにカント以前の美学も主体の概念を用いていることをも、またそれがなぜなのかも、見落としている。この点については本書85頁以下を参照。

〔33〕 Martin Heidegger, *Nietzsche*, 2 Bde., Pfullingen: Neske 1961［以下 *Nietzsche*］〔マルティン・ハイデッガー『ニーチェ 1・2』細谷貞雄監訳、杉田泰一／輪田稔（1）・加藤登之男／船橋弘（2）訳、平凡社、1997年〕.

〔22〕 Alexander Gottlieb Baumgarten, *Aesthetica – Ästhetik*〔以下 *Ästhetik*〕, hrsg. und übers. v. Dagmar Mirbach, Hamburg: Meiner 2007〔アレクサンダー・ゴットリープ・バウムガルテン『美学』松尾大訳、講談社、2016年〕, §17; vgl. §§1 und 9.

〔23〕 Jean de la Bruyère, *Les Charactères ou les mœurs de ce siècle*, I. 10, in: De la Bruyère, *Œuvres complètes*, hrsg. v. Julien Benda, Paris: Gallimard 1951, S. 67〔ラ・ブリュイエール『カラクテール——当世風俗誌 上』関根秀雄訳、岩波書店、1952年、38頁〕. 趣味概念の歴史については以下を参照。Baeumler, *Das Irrationalitätsproblem*［本書注13を参照］, passim; Fr. Schümmer, »Die Entwicklung des Geschmacksbegriffs in der Philosophie des 17. und 18. Jahrhunderts«, in: *Archiv für Begriffsgeschichte*, Bd. I (1955), S. 120–141.

〔24〕 Abbé Dubos, *Réflexions critiques sur poësie et peinture*, Paris: Pissot ^{7}1770 (1. Aufl. 1719), Reprint Genf: Slatkine 1967, Buch II, Sect. XXII, S. 344 und 343〔デュボス『詩画論Ⅱ』木幡瑞枝訳、玉川大学出版部、1985年、170頁〕.

〔25〕 バウムガルテンは「美的な真理」という概念を広い意味で用いている。この概念は、対象についてそれを規定することで整序された複雑性のもとで認識することを意味している。この点については本書80頁以下を参照。また詳細は以下を参照。Heinz Paetzold, *Ästhetik des deutschen Idealismus. Zur Idee ästhetischer Rationalität bei Baumgarten, Kant, Schelling, Hegel und Schopenhauer*, Wiesbaden: Steiner 1983, S. 29 ff.

〔26〕 Du Bos, *Réflexions critiques*［本書注24を参照］, Buch II, Sect. XXIII, S. 369f.〔181頁〕

〔27〕 以下を参照。同上 S. 358〔176頁〕.

〔28〕 David Hume, »Of the Standard of Taste«, in: Hume, *Essays. Moral, Political, and Literary*, ed. Eugene F. Miller, Indianapolis: Liberty Fund 1985, S. 226–249, hier S. 235 u. 237〔デイヴィッド・ヒューム「趣味の標準について」田中敏弘訳（『道徳・政治・文学論集』名古屋大学出版会、2011年所収）、192–208頁、該当箇所は198–199頁〕.

〔29〕 この引用については本書38頁以下を参照。——デカルトにおける理論と実践の関係については以下を参照。Georges Canguilhem, »Descartes und die Technik«, in: Canguilhem, *Wissenschaft, Technik, Leben. Beiträge zur historischen Epistemologie*, Berlin: Merve 2006, S. 1–15, hier: S. 7 ff. カンギレムの結論によると、理論の優位のせいで「デカルト哲学には創作についての理論が、すなわち美学が根本的に存在しない」(S. 14)。

Main: Suhrkamp 2006; Matthias Haase, *Conceptual Capacities*, Diss. Potsdam 2007. ——力と能力との差異については以下を参照。Thomas Khurana, *Sinn und Gedächtnis. Die Zeitlichkeit des Sinns und die Figuren ihrer Reflexion*, München: Fink 2007; Dirk Setton, *Unvermögen – Akrasia – Infantia. Zur problematischen Struktur rationaler Vermögen*, Diss. Potsdam 2006〔出版時の書誌情報は以下。Dirk Setton, *Unvermögen: Irrationalität und der Begriff der rationalen Fähigkeit*, Berlin: Diaphanes 2011〕.

第二章

〔19〕 Alexander Gottlieb Baumgarten, *Meditationes philosophicae de nonnullis ad poema pertinentibus — Philosophische Betrachtungen über einige Bedingungen des Gedichtes*, hrsg. und übers. v. Heinz Paetzold, Hamburg: Meiner 1983［以下 *Gedicht*］.

〔20〕 Georg Friedrich Meier, *Anfangsgründe aller schönen Wissenschaften*, §2, Halle: Hemmerde ²1754, Reprint Hildesheim: Olms 1976, Bd. I, S. 3. あらゆる批判にもかかわらず同様に論じるものとして以下。Johann Gottfried Herder, *Über die neuere deutsche Literatur. Fragmente, als Beilagen zu den Briefen, die neueste Literatur betreffend. Dritte Sammlung*, in: Herder, *Werke*, Bd. I (*Frühe Schriften*. 1764–1772), hrsg. v. Ulrich Gaier, Frankfurt am Main: Deutscher Klassiker Verlag 1985, S. 367–540, hier S. 397.

〔21〕 Gottfried Wilhelm Leibniz, » Meditationes de Cognitione, Veritate et Ideeis – Betrachtungen über die Erkenntnis, die Wahrheit und die Ideen «［以下 » Betrachtungen «］, in: Leibniz, *Philosophische Schriften*［本書注14を参照］, Bd. I, S. 33–47〔「認識、真理、観念についての省察」米山優訳（『ライプニッツ著作集8　前期哲学』、工作舎、1990年所収）、25–34頁〕. バウムガルテンにとってこれらの考察がもつ意義については以下を参照。Ernst Cassirer, *Philosophie der Aufklärung*, Hamburg: Meiner 1998, S. 458〔エルンスト・カッシーラー『啓蒙主義の哲学　下』中野好之訳、筑摩書房、2003年、230頁〕; Ursula Franke, *Kunst als Erkenntnis. Die Rolle der Sinnlichkeit in der Ästhetik des Alexander Gottlieb Baumgarten*, Wiesbaden: Steiner 1972, S. 44ff. これにつづく箇所についてはとりわけ以下を参照。Jeffrey Barnouw, » The Beginnings of › Aesthetics ‹ and the Leibnizian Conception of Sensation «, in: Paul Mattick (Hrsg.), *Eighteenth-Century Aesthetics and the Reconstruction of Art*, Cambridge, Mass. u.a.: Cambridge University Press 1993, S. 52–95, hier S. 82ff.

S. 443〔『モナドロジー〈哲学の原理〉』西谷裕作訳（『ライプニッツ著作集9　後期哲学』工作舎、1989年所収）、205-241頁、該当箇所は209頁〕. ある種の「原理」については、パスカルもすでに「繊細の精神 esprit de finesse」に関して語っている。*Pensées*［本書注9を参照］, Nr. 1〔『パンセ（中）』、255-258頁（日本語訳では断章番号は512）〕. ――ここからの箇所については以下を参照。Martin Schneider, » Denken und Handeln der Monade. Leibniz' Begründung der Subjektivität «, in: *Studia Leibnitiana*, Bd. XXX (1998), Heft I, S. 68-82.

〔15〕「表象は、心のモナド的単一性における内的な行為である。表象は心が力であることに由来する。この力に含まれる、ある状態から別のある状態へと移り行こうとする欲求（conatus）は欲求であり、それゆえ意志の過程である。」(Wilhelm Dilthey, » Die drei Epochen der modernen Ästhetik und ihre heutige Aufgabe «, in: Dilthey, *Gesammelte Schriften*, Bd. VI, Leipzig/Berlin: Teubner [2]1938, S. 242-287, hier S. 248〔ヴィルヘルム・ディルタイ「近代美学の三つの時期とその今日的課題」大森淳史訳（『ディルタイ全集　第5巻――詩学・美学論集』法政大学出版局、2015年所収）、1127-1181頁、該当箇所は1136頁〕.)

〔16〕 Gottfried Wilhelm Leibniz, *Essais de Théodicée sur la bonté de dieu, la liberté de l'homme et l'origine du mal - Die Theodizee von der Güte Gottes, der Freiheit des Menschen und dem Ursprung des Übels*, §403; in: Leibniz, *Philosophische Schriften*［本書注14を参照］, Bd. II/2, S. 245-247〔『ライプニッツ著作集7　宗教哲学――弁神論　下』佐々木能章訳、工作舎、1991年、145頁〕. ライプニッツはこの箇所について以下で参照指示をしている。*Monadologie*, §23 S. 449〔213頁〕.

〔17〕 Gottfried Wilhelm Leibniz, *Nouveaux essais sur l'entendement humain - Neue Abhandlungen über den menschlichen Verstand*［以下 *Abhandlungen*］, Vorrede, in: Leibniz, *Philosophische Schriften*［本書注14を参照］, Bd. III, S. XXI〔『ライプニッツ著作集4　認識論――人間知性新論　上』谷川多佳子／福島清紀／岡部英男訳、工作舎、1993年、21頁〕. ここからの引用は以下。同上 S. XXV〔23頁〕. ――この箇所の二重の読解可能性については以下を参照。Gilles Deleuze, *Differenz und Wiederholung*, übers. v. Joseph Vogl, München: Fink 1992, S. 269-271〔ジル・ドゥルーズ『差異と反復　下』財津理訳、河出書房新社、2007年、122-126頁〕.

〔18〕 ここからの考察のための重要な示唆を、わたしは四つの文献に負っている。「能力」の概念については以下を参照。Andrea Kern, *Quellen des Wissens: Zum Begriff vernünftiger Erkenntnisfähigkeiten*, Frankfurt am

Erich Köhler, »›Je ne sais quoi‹. Ein Kapitel aus der Begriffsgeschichte des Unbegreiflichen«, in: Köhler, *Esprit und arkadische Freiheit. Aufsätze aus der Welt der Romania*, Frankfurt am Main/Bonn: Athenäum 1966, S. 230-286.

〔10〕 Baruch de Spinoza, *Ethica - Ethik*, in: Werke, hrsg. v. Konrad Blumenstock, Darmstadt: Wissenschaftliche Buchgesellschaft 1967, Teil I, Anhang, S. 151〔スピノザ『エチカ――倫理学（上）』畠中尚志訳、岩波書店、1951年、87頁〕. 感性的なものにみられる「自然の秩序を転倒させる」傾向についての類似の記述に関しては、以下を参照。*Meditationen* VI. 15; 149〔105頁〕.

〔11〕 ヴィーラントに鑑みてこのように論じるものとして以下を参照。David E. Wellbery, »Die Enden des Menschen. Anthropologie und Einbildungskraft im Bildungsroman bei Wieland, Goethe, Novalis«, in: Wellbery, *Seiltänzer des Paradoxalen. Aufsätze zur ästhetischen Wissenschaft*, München/Wien: Hanser 2006, S. 70-117, hier S. 77. 想像力による「すりかえ Subreption」のうちに、その「病理学 Pathologie」が存するとされる（S. 79)。

〔12〕 このように論じるものとして以下を参照。Carsten Zelle, *Die doppelte Ästhetik der Moderne. Revisionen des Schönen von Boileau bis Nietzsche*, Stuttgart/Weimar: Metzler 1995, S. 25ff.

〔13〕 以下を参照。Robert Sommer, *Grundzüge einer Geschichte der deutschen Psychologie und Aesthetik von Wolff-Baumgarten bis Kant-Schiller*, Hildesheim/New York: Olms 1975, S. 10ff., S. 168ff.; Alfred Baeumler, *Das Irrationalitätsproblem in der Ästhetik und Logik des 18. Jahrhunderts bis zur Kritik der Urteilskraft*, Darmstadt: Wissenschaftliche Buchgesellschaft 1974, S. 38-43. ライプニッツとデカルトのあいだの差異から美学を解釈する文献としては以下を参照。Ernst Cassirer, *Leibniz' System in seinen wissenschaftlichen Grundlagen*, Hildesheim/New York: Olms 1980, S. 458-472; ders., *Freiheit und Form. Studien zur deutschen Geistesgeschichte*, Darmstadt: Wissenschaftliche Buchgesellschaft 1994, S. 48-66〔エルンスト・カッシーラー『自由と形式――ドイツ精神史研究』中埜肇訳、ミネルヴァ書房、1998年、42-57頁〕.

〔14〕 Gottfried Wilhelm Leibniz, *Principes de la philosophie ou Monadologie - Die Prinzipien der Philosophie oder die Monadologie*［以下 *Monadologie*］, §11, in: Leibniz, *Philosophische Schriften*, hrsg. v. Hans Heinz Holz, Darmstadt: Wissenschaftliche Buchgesellschaft 1965, Bd. I, S. 439-483, hier

Grundlagen der Philosophie［以下 *Meditationen*］〔『省察』所雄章訳（『デカルト著作集　第二巻』白水社、2001年所収）〕; *Regulae ad directionem ingenii – Regeln zur Ausrichtung der Erkenntniskraft*［以下 *Regeln*］〔『精神指導の規則』大出晁／有働勤吉訳（『デカルト著作集　第四巻』白水社、2001年所収）〕; *Discours de la méthode pour bien conduire sa raison, et chercher la vérité dans les sciences – Von der Methode des richtigen Vernunftgebrauchs und der wissenschaftliche Forschung*［以下 *Methode*］〔『方法序説』三宅徳嘉／小池健男訳（『デカルト著作集　第一巻』白水社、2001年所収）〕.〔メンケによる引用は〕すべて Descartes, *Philosophische Schriften in einem Band*, Hamburg: Meiner 1996による。

〔6〕 Catherine Wilson, »Discourses of Vision in Seventeenth-Century Metaphysics«, in: David Michael Levin (Hrsg.), *Sites of Vision. The Discursive Construction of Sight in the History of Philosophy*, Cambridge, Mass.: MIT Press, 1997, S. 117–138, hier S. 129. ここからの箇所については以下を参照。Dennis L. Sepper, *Descartes's Imagination. Proportion, Images, and the Activity of Thinking*, Berkeley u.a.: University of California Press 1996. Sepper の研究は、この問題についてデカルトが哲学する際の、さまざまな段階のあいだに明らかになってくる相違のそれぞれを、詳細にわたって論じている。

〔7〕 とはいえ、完全に恣意的なものはそもそもどのようにして制御可能となるべきなのだろうか？　いずれにしてもこのことは、政治的支配というモデルに従って考えることができるものではない（というのも政治的支配とは、自分自身を制御する者たちを支配することだからである）。以下を参照。Georges Canguilhem, »Machine et organisme«, in: Canguilhem, *La connaissance de la vie*, Paris: Vrin 2006, S. 129–164, hier S. 146〔G・カンギレム『生命の認識』杉山吉弘訳、法政大学出版局、2002年、114–146頁、該当箇所は130–131頁〕.

〔8〕 Descartes an Prinzessin Elizabeth, Mai oder Juni 1645, in: René Descartes, *Correspondance*［本書注1を参照］, Bd. IV, S. 220; ドイツ語訳は *Briefe 1629–1650*［本書注1を参照］, S. 293〔「デカルトからエリザベトへ」山田弘明訳（『デカルト全書簡集　第六巻（1643-1646）』知泉書館、2015年所収）、267頁〕.

〔9〕 Blaise Pascal, *Pensées*, ed. Léon Brunschvicg, Paris: Garnier-Flammarion 1976, Nr. 162; ドイツ語訳は Übers. v. Ewald Wasmuth, Heidelberg: Lambert Schneider 1978〔パスカル『パンセ（中）』塩川徹也訳、岩波書店、2015年、43-44頁（日本語訳では断章番号は413）〕. 以下を参照。

注

引用の仕方について

本書において断りなくページや節を挙げる際には、つねに、直前に記載された文献を参照指示している。

頻繁に引用される文献については、初出時に示された略号を用いて参照指示する。なお本書250-253頁の略号一覧も参照のこと。略号のすぐ後には、必要に応じて、該当する章や節の番号を記載する。またセミコロン〔;〕の後には、頁数を記載する。

外国語の文献の翻訳は部分的に修正した。

第一章

〔1〕 Descartes an Mersenne, 18.3.1630, in: René Descartes, *Œuvres*, hrsg. v. Charles Adam / Paul Tannery, *Correspondance*, Paris: Vrin 1974ff., Bd. I, S. 132f. ドイツ語訳は以下。René Descartes, *Briefe 1629-1650*, hrsg. v. Max Bense, Köln/Krefeld: Staufen 1949, S. 39f.〔「デカルトからメルセンヌへ」曽我千亜紀訳（『デカルト全書簡集　第一巻（1619-1637）』知泉書館、2012年所収）、125頁〕

〔2〕 本書44頁以下で言及される Descartes' Brief an Prinzessin Elizabeth を参照。以下の章を参照。» Le jeu sensible des couleurs « in: Pascal Dumont, *Descartes et l'esthétique: L'art d'émerveiller*, Paris: Presses Universitaires de France 1997, S. 44-62.

〔3〕 以下を参照。Renatus Descartes, *Musicae Compendium – Leitfaden der Musik*, hrsg. und übers. v. Johannes Brockt, Darmstadt: Wissenschaftliche Buchgesellschaft 1978〔『音楽提要』平松希伊子訳（『デカルト著作集　第四巻』白水社、2001年所収）〕. デカルトは、メルセンヌ宛の書簡のなかで、当時は未刊行であったこの書から引用している。ここには感性的なものの概念も見出される（S. 5-7〔457頁〕）。

〔4〕 以下を参照。Dumont, *Descartes et l'esthétique*［本書注2を参照］, S. 71ff. und passim. また以下における「美的体制」についての規定も参照。Jacques Rancière, *La Partage du Sensible. Esthétique et Politique*, Paris: La Fabrique-éditions 2000, vor allem S. 28ff.〔ジャック・ランシエール『感性的なもののパルタージュ——美学と政治』梶田裕訳、法政大学出版局、2009年、とりわけ21頁以下〕

〔5〕 デカルトの著作からの引用に際しては、以下の略記号を用いる。René Descartes, *Meditationes de prima philosophia – Meditationen über die*

Hegel-Kongreß 2005, Stuttgart: Klett-Cotta 2007, S. 321-348.

第四章　美化

自分自身のための感触
- Art. » Subjekt, Subjektivität «, a. a. O.
- » Die Reflexion im Ästhetischen «, in: *Zeitschrift fur Ästhetik und Allgemeine Kunstwissenschaft*, Bd. 46 (2001), Heft 2, S. 161-174.

第五章　美学

完全性から自己確認へ
- » La reflexión en lo estético y su significado ético. Una crítica a la solución kantiana «, in: *Enrahonar. Quaderns de Filosofia*, No. 36 (2004), S. 139-151; engl. in: *Philosophy and Social Criticism*, Vol. 34 (2008), Nos. 1-2, S. 51-63.

新旧の争い
- » Die Dialektik der Ästhetik: Der neue Streit zwischen Kunst und Philosophie «, in: Jörg Huber (Hrsg.), *Ästhetik Erfahrung. Interventionen* 13, Wien u. New York: Springer 2004, S. 21-39.
- » Das Problem der Philosophie. Zwischen Literatur und Dialektik «, in: Joachim Schulte/Uwe Justus Wenzel (Hrsg.), *Was ist ein › philosophisches ‹ Problem?*, Frankfurt am Main: Fischer 2001, S. 114-133.

第六章　倫理学

芸術家から学ぶこと
- » Distanz und Experiment. Zu zwei Aspekten ästhetischer Freiheit bei Nietzsche «, in: *Deutsche Zeitschrift für Philosophie*, Bd. 41 (1993), S. 61-77.

他なる善
- » Subjektivität und Gelingen: Adorno - Derrida «, in: Andreas Niederberger/ Markus Wolf (Hrsg.), *Politische Philosophie und Dekonstruktion. Beiträge zur politischen Philosophie im Anschluss an Jacques Derrida*, Bielefeld: Transcript 2007, S. 61-76.

自分自身を創造すること
- » Das Leben als Kunstwerk gestalten? Zur Dialektik der postmodernen Ästhetisierung «, in: Rudolf Maresch (Hrsg.): *Zukunft oder Ende: Standpunkte - Analysen - Entwürfe*, München: Boer 1993, S. 391-407.

初出一覧

本巻に収められた緒論は、元となった以下の諸研究に依拠している。この諸研究においてわたしは、本書で示した解釈についての個々の論点およびさらに発展した議論を、部分的にはより詳細に扱っている。

第一章　感性

感官の恣意／感性的なものの「内的原理」

- Art. » Subjekt, Subjektivität «, in: *Ästhetische Grundbegriffe. Historisches Wörterbuch in sieben Bänden*, hrsg. v. Karlheinz Barck u.a., Band 5, Stuttgart u. Weimar: Metzler 2003, S. 734-787.
- » Wahrnehmung, Tätigkeit, Selbstreflexion. Zu Genese und Dialektik der Ästhetik «, in: Andrea Kern/Ruth Sonderegger (Hrsg.), *Falsche Gegensätze. Zeitgenössische Positionen zur philosophischen Ästhetik*, Frankfurt am Main: Suhrkamp 2002, S. 19-48.

第二章　実践

訓練

- » Zweierlei Übung. Zum Verhältnis von sozialer Disziplinierung und ästhetischer Existenz «, in: Axel Honneth/Martin Saar (Hrsg.), *Michel Foucault. Zwischenbilanz einer Rezeption. Frankfurter Foucault-Konferenz* 2001, Frankfurt am Main: Suhrkamp 2003, S. 283-299.

魂は主体である

- Art. » Subjekt, Subjektivität «, a. a. O.
- » Innere Natur und soziale Normativität: Die Idee der Selbstverwirklichung «, in: Hans Joas/Klaus Wiegandt (Hrsg.), *Die kulturellen Werte Europas*, Frankfurt am Main: Fischer 2005, S. 304-352.

個人と規律

- » Subjekt. Zwischen Weltbemächtigung und Selbsterhaltung «, in: Dieter Thomä (Hrsg.), *Heidegger-Handbuch. Leben - Werk - Wirkung*, Stuttgart u. Weimar: Metzler 2003, S. 258-267.
- » Die Disziplin der Ästhetik. Eine Lektüre von *Überwachen und Strafen* «, in: Gertrud Koch/Sylvia Sasse/Ludger Schwarte (Hrsg.), *Kunst als Strafe. Zur Asthetik der Disziplinierung*, München: Fink 2003, S. 109-121.

第三章　戯れ

美的系譜学／「上位の力の傷つきし者」

- Art. » Subjekt, Subjektivität «, a. a. O.
- » Geist und Leben. Zu einer genealogischen Kritik der Phänomenologie «, in: Rüdiger Bubner/Gunnar Hindrichs (Hrsg.), *Von der Logik zur Sprache. Stuttgarter*

ル・フーコー『監獄の誕生　処罰と監視』新装版、田村俶訳、新潮社、2020年〕

Wäldchen: Johann Gottfried Herder, *Kritische Wälder. Oder Betrachtungen über die Wissenschaft und Kunst des Schönen. Viertes Wäldchen über Riedels Theorie der schönen Künste*, in: Herder, *Werke*, Bd. 2 (*Schriften zur Ästhetik und Literatur. 1767-1781*), hrsg. v. Gunter E. Grimm, Frankfurt am Main: Deutscher Klassiker Verlag 1993, S. 247-442.

著作集　第二巻』白水社、2001年〕

Metaphysik: Alexander Gottlieb Baumgarten, *Metaphysik* [Auszug], in: Baumgarten, *Texte zur Grundlage der Ästhetik*, hrsg. und übers. v. Hans Rudolf Schweizer, Hamburg: Meiner 1983.〔樋笠勝士／井奥陽子／津田栞里訳「バウムガルテン『形而上学』（第四版）「経験的心理学」訳註その１」『成城文藝』第233・234号（合併号）、2015年、53-73頁〕

Methode: René Descartes, *Discours de la méthode pour bien conduire sa raison, et chercher la vérité dans les sciences - Von der Methode des richtigen Vernunftgebrauchs und der wissenschaftlichen Forschung*, in: Descartes, *Philosophische Schriften in einem Band*, Hamburg: Meiner 1996.〔デカルト『方法序説』三宅徳嘉／小池健男訳『デカルト著作集　第１巻』白水社、2001年〕

Monadologie: Gottfried Wilhelm Leibniz, *Principes de la philosophie ou Monadologie - Die Prinzipien der Philosophie oder die Monadologie*, in: Leibniz, *Philosophische Schriften*, hrsg. v. Hans Heinz Holz, Darmstadt: Wissenschaftliche Buchgesellschaft 1965, Bd. I, S. 439-483.〔ライプニッツ「モナドロジー」西谷裕作訳『ライプニッツ著作集９　後期哲学』工作舎、1989年、205-244頁〕

Nietzsche: Martin Heidegger, *Nietzsche*, 2 Bde., Pfullingen: Neske 1961.〔マルティン・ハイデッガー『ニーチェ　１・２』細谷貞雄監訳、杉田泰一／輪田稔（1）・加藤登之男／船橋弘（2）訳、平凡社、1997年〕

Regeln: René Descartes, *Regulae at directionem inghierenii - Regeln zur Ausrichtung der Erkenntniskraft*, in: Descartes, *Philosophische Schriften in einem Band*, Hamburg: Meiner 1996.〔デカルト『精神指導の規則』大出晁／有働勤吉訳『デカルト著作集　第４巻』白水社、2001年〕

» Rhapsodie «: Moses Mendelssohn, » Rhapsodie oder Zusätze zu den Briefen über die Empfindungen «, in: Mendelssohn, *Ästhetische Schriften in Auswahl*, hrsg. v. Otto F. Best, Darmstadt: Wissenschaftliche Buchgesellschaft 1974, S. 127-165.

SU: Friedrich Nietzsche, *Götzen-Dämmerung oder Wie man mit dem Hammer philosophirt*, Streifzüge eines Unzeitgemäßen, in: Nietzsche, *Kritische Studienausgabe*, hrsg. v. Giorgio Colli/Mazzino Montinari, München/Berlin/New York: Deutscher Taschenbuch Verlag/de Gruyter ^{2}1988, Bd. 6, S. 111-153.〔ニーチェ「或る反時代的人間の遊撃」『ニーチェ全集14　偶像の黄昏　反キリスト者』原佑訳、筑摩書房、1994年、87-147頁〕

Überwachen: Michel Foucault, *Überwachen und Strafen. Die Geburt des Gefängnisses*, übers. v. Walter Seitter, Frankfurt am Main: Suhrkamp 1977.〔ミシェ

menschlichen Seele, in: Herder, *Werke*, Bd. 4 (*Schriften zu Philosophie, Literatur, Kunst und Altertum. 1774-1787*), hrsg. v. Jürgen Brommack/Martin Bollacher, Frankfurt am Main: Deutscher Klassiker Verlag 1994, S. 327-394.

FW: Friedrich Nietzsche, *Die Fröhliche Wissenschaft*, in: Nietzsche, *Kritische Studienausgabe*, hrsg. v. Giorgio Colli/Mazzino Montinari, München/Berlin/New York: Deutscher Taschenbuch Verlag/de Gruyter ^{2}1988, Bd. 3.〔ニーチェ『ニーチェ全集８　悦ばしき知識』信太正三訳、筑摩書房、1993年〕

GD: Friedrich Nietzsche, *Götzen-Dämmerung*, in: Nietzsche, *Kritische Studienausgabe*, hrsg. v. Giorgio Colli/Mazzino Montinari, München/Berlin/New York: Deutscher Taschenbuch Verlag/de Gruyter ^{2}1988, Bd. 6.〔ニーチェ『ニーチェ全集14　偶像の黄昏　反キリスト者』原佑訳、筑摩書房、1994年〕

Gedicht: Alexander Gottlieb Baumgarten, *Meditationes philosophicae de nonnullis ad poema pertinentibus - Philosophische Betrachtungen über einige Bedingungen des Gedichtes*, hrsg. und übers. v. Heinz Paetzold, Hamburg: Meiner 1983.

GT: Friedrich Nietzsche, *Die Geburt der Tragödie*, in: Nietzsche, *Kritische Studienausgabe*, hrsg. v. Giorgio Colli/Mazzino Montinari, München/Berlin/New York: Deutscher Taschenbuch Verlag/de Gruyter ^{2}1988, Bd. 1.〔ニーチェ『ニーチェ全集２　悲劇の誕生』塩屋竹男訳、筑摩書房、1993年〕

KdU: Immanuel Kant, *Kritik der Urteilskraft*; in: Kant, *Werke*, hrsg. v. Wilhelm Weischedel, Darmstadt: Wissenschaftliche Buchgesellschaft 1983, Bd. V.〔イマヌエル・カント『判断力批判』熊野純彦訳、作品社、2013年。邦訳に原著頁数併記のため邦訳頁数は挙げない〕

» Landschaft «: Joachim Ritter, » Landschaft. Zur Funktion des Ästhetischen in der modernen Gesellschaft «, in: Ritter, *Subjektivität*, Frankfurt am Main: Suhrkamp 1974, S. 141-164.〔ヨアヒム・リッター「風景　近代社会における美的なものの機能をめぐって」藤野寛訳『風景の哲学』安彦一恵／佐藤康邦編、ナカニシヤ出版、2002年、189-218頁〕

M: Friedrich Nietzsche, *Morgenröthe*, in: Nietzsche, *Kritische Studienausgabe*, hrsg. v. Giorgio Colli/Mazzino Montinari, München/Berlin/New York: Deutscher Taschenbuch Verlag/de Gruyter ^{2}1988, Bd. 3.〔ニーチェ『ニーチェ全集７　曙光』茅野良男訳、筑摩書房、1993年〕

Meditationen: Rene Descartes, *Meditationes de prima philosophia - Meditationen über die Grundlagen der Philosophie*, in: Descartes, *Philosophische Schriften in einem Band*, Hamburg: Meiner 1996.〔ルネ・デカルト『省察』所雄章訳『デカルト

略号一覧

Abhandlungen: Gottfried Wilhelm Leibniz, *Nouveaux essais sur l'entendement humain – Neue Abhandlungen über den menschlichen Verstand*, in: Leibniz, *Philosophische Schriften*, hrsg. v. Hans Heinz Holz, Darmstadt: Wissenschaftliche Buchgesellschaft 1965, Bd. III.〔ゴットフリート・ヴィルヘルム・ライプニッツ『ライプニッツ著作集4-5　認識論　人間知性新論』谷川多佳子／福島清紀／岡部英男訳、工作舎、1993年〕

Anfang 1880: Friedrich Nietzsche, *Nachgelassene Fragmente*, Anfang 1880, in: Nietzsche, *Kritische Studienausgabe*, hrsg. v. Giorgio Colli/Mazzino Montinari, München/Berlin/New York: Deutscher Taschenbuch Verlag/de Gruyter [2]1988, Bd. 9, S. 9–33.〔フリードリヒ・ニーチェ『ニーチェ全集第11巻（第Ⅰ期）残された断想（1880年初頭－81年春）』〕

Ästhetik: Alexander Gottlieb Baumgarten, *Aesthetica – Ästhetik*, hrsg. und übers. v. Dagmar Mirbach, Hamburg: Meiner 2007.〔アレクサンダー・ゴットリープ・バウムガルテン『美学』松尾大訳、講談社学術文庫、2016年〕

»Baumgarten«: Johann Gottfried Herder, »Begründung einer Ästhetik in der Auseinandersetzung mit Alexander Gottlieb Baumgarten«, in: Herder, *Werke*, Bd. 1 (*Frühe Schriften*. 1764–1772), hrsg. v. Ulrich Gaier, Frankfurt am Main: Deutscher Klassiker Verlag 1985, S. 651–694.

»Betrachtungen«: Gottfried Wilhelm Leibniz, »Meditationes de Cognitione, Veritate et Ideeis – Betrachtungen über die Erkenntnis, die Wahrheit und die Ideen«, in: Leibniz, *Philosophische Schriften*, hrsg. v. Hans Heinz Holz, Darmstadt: Wissenschaftliche Buchgesellschaft 1965, Bd. I, S. 33–47.〔ライプニッツ「認識、真理、観念についての省察」米山優訳『ライプニッツ著作集８　前期哲学』工作舎、1990年、25–34頁〕

»Energie«: Johann Georg Sulzer, »Von der Kraft (Energie) in den Werken der schönen Künste«, in: Sulzer, *Vermischte philosophische Schriften*, Leipzig: Weidmann und Reich 1773, Reprint Hildesheim/New York: Olms 1974, Bd. I, S. 122–145.

Enquiry: Edmund Burke, *A Philosophical Enquiry into the Origin of our Ideas of the Sublime and Beautiful*, hrsg. v. Adam Phillips, Oxford/New York: Oxford University Press 1990.〔エドマンド・バーク『崇高と美の観念の起原』中野好之訳、みすず書房、1999年〕

Erkennen: Johann Gottfried Herder, *Vom Erkennen und Empfinden der*

バルク（Barck, Karlheinz） 7
ピピン（Pippin, Robert） *228*〔93〕
ヒューム（Hume, David） 66
フィッシャー＝レスカーノ（Fischer-Lescano, Andreas） *24*(11)
フィヒテ（Fichte, Johann Gottlieb） *233,234*〔70〕
フェルカー（Völker, Jan） *240*〔36〕
フーコー（Foucault, Michel） 17, *19*, 20, 82, 93, 85-87, *229*〔91〕
プラトン（Platon） 123, 125, 126, 163, 139
フランケ（Franke, Ursula） *243*〔21〕
ブルーメンバッハ（Blumenbach, Johann Friedrich） *107,237*〔51〕
ブルーメンベルク（Blumenberg, Hans） *232*〔81〕
プレスナー（Plessner, Helmuth） *236*〔54〕
ヘーゲル（Hegel, Georg Wilhelm Friedrich） 143, 144, 147
ペッツォルト（Paetzold, Heinz） *242*〔25〕
ヘルダー（Herder, Johann Gottfried） 12, 30, 31, 55, 90-105, 107-111, 113, 114, 116-119, 121, 122, 126, 129, 130, 139, 141, 144, 145, 152, 154, 170, 171, 233〔74〕, 235〔58〕, 236〔55, 56〕, 238〔46, 47〕, 239〔40〕
ベルトラム（Bertram, Georg） *13*(3)
ホイベル（Heubel, Fabian） *17*(4)
ボイムラー（Baeumler, Alfred） *242*〔23〕, *245*〔13〕
ボエティウス（Boethius） 70
ホグレーベ（Hogrebe, Wolfram） *233*〔70〕
ホーマン（Homann, Karl） *241*〔30〕
ホメロス（Homer） *115*, 163
ボーラー（Bohrer, Karl Heinz） *227*〔99〕, *230*〔88〕, *233*〔73〕
ホラティウス（Horaz） 127, *235*〔63〕

マ 行

マイアー（Meier, Georg Friedrich） 89
マルクヴァルト（Marquard, Odo） 87
マルクーゼ（Marcuse, Herbert） 87
マン（Man, Paul de） *230*〔88〕, *232*〔78〕
メニングハウス（Menninghaus, Winfried） *233*〔74〕
メルセンヌ（Mersenne, Marin） 33, 35
メンデルスゾーン（Mendelssohn, Moses） 31, 133-135, 137-139, 145, 156, 157, *233*〔74〕

ヤ 行

ヨアス（Joas, Hans） *228*〔94〕

ラ 行

ライプニッツ（Leibniz, Gottfried Wilhelm） 49, 51, 52, 54, 57, 58, 60, 61, 63-65, 71, 89, 90, 98, 102, 152, *245*〔13〕
ラーソン（Larson, James L.） *237*〔51〕
ラ・ブリュイエール（Bruyère, Jean de la） *242*〔23〕
リースマン（Liessmann, Konrad Paul） *234*〔65〕
リオタール（Lyotard, Jean-François） *232*〔77〕
リッター（Ritter, Joachim） 78-82, 85-87, *234*, 240〔34, 35〕
レッシング（Lessing, Gotthold Ephraim） 100
レーベンティッシュ（Rebentisch, Juliane） *228*〔98〕
レーン（Rehn, Rudolf） *241*〔31〕

シュレーゲル（Schlegel, Friedrich） 148, 149, 167, *231*〔82〕
ショーペンハウアー（Schopenhauer, Arthur） *235*〔61〕
シラー（Schiller, Friedrich） 26, 79, 147, 148, *237*〔52〕
スタロバンスキー（Starobinski, Jean） *237*〔50〕
スピノザ（Spinoza, Baruch de） 45, *159*
ズルツァー（Sulzer, Johann Georg） 12, 31, 126, 128-132, 137-139, 145, *233*〔74〕
スローターダイク（Sloterdijk, Peter） *229*〔89〕
ゼットン（Setton, Dirk） *231*〔84〕, *244*〔18〕
セッパー（Sepper, Dennis L.） *246*〔6〕
ゼール（Seel, Martin） *13*(3), *228*〔96〕, *233*〔75〕
ゾマー（Sommer, Robert） *245*〔13〕
ゾンデレッガー（Sonderegger, Ruth） *237*〔52〕

タ 行

ツェレ（Zelle, Carsten） *234*〔68〕, *245*〔12〕
ツォイヒ（Zeuch, Ulrike） *238*〔47〕
テイラー（Taylor, Charles） *238*〔46〕
ディルタイ（Dilthey, Wilhelm） *244*〔15〕
デカルト（Descartes, René） 33-36, 38-42, 44, 45, 47-49, 51, 53, 54, 60, 65, 66, 68, 69, 77, 78, 106, 115, 116, 133, 134, 151, *242*〔29〕
デュットマン（Düttmann, Alexander García） *229*〔90〕
デュボス（Dubos, Jean-Baptiste） 66, 135, *242*〔24〕
デュモン（Dumont, Pascal） *247*〔2, 4〕
デリダ（Derrida, Jacques） *231*〔83〕
トゥーゲントハット（Tugendhat, Ernst） 204
ドゥルーズ（Deleuze, Gilles） *231*〔83〕, *244*〔17〕
ドックホルン（Dockhorn, Klaus） 127, 128, *235*〔64〕
トッラ＝マッテンクロット（Torra-Mattenklott, Caroline） *238*〔48〕, *239*〔42〕
トーメ（Thomä, Dieter） *228*〔94〕

ナ 行

ニーチェ（Nietzsche, Friedrich） 21, 32, 77, 170, 173-176, 178, 180, 182, 183, 185, 1870189, 191, 192, 194, 196-198, 200, 201, 203, 208-210, *229*〔89〕, *230*〔98〕
ニュートン（Newton, Isaac） *237*〔50〕
ネーゲル（Nagel, Thomas） *17*(5)

ハ 行

ハイデッガー（Heidegger, Martin） 77, 78, 82, 143, 174
バウムガルテン（Baumgarten, Alexander Gottlieb） 8, *9*,29-31, 55, 57, 58, 61, 62, 64, 66, 69-71, 73-75, 80, 81, 83, 84, 87, 89-93, 95, 96, 98, 115-117, 126, 130, 134, 139, 144-147, 151-157, 161, 164, 166, 169, 174, 231〔83〕, *239*〔40〕, *240*〔36〕〔39〕, *241*〔30〕, *242*〔22, 25〕, 243〔19, 21〕, *245*〔13〕
ハヴロック（Havelock, Eric A.） *232*〔79〕
バーク（Burke, Edmund） 131, 132, 135, 156, *234*〔67〕
パスカル（Pascal, Blaise） 44, 45, 47, 53, *244*〔14〕
ハーゼ（Haase, Matthias） *243*〔18〕
バーナウ（Barnouw, Jeffrey） *243*〔21〕
ハーファーカンプ（Haverkamp, Anselm） *231*〔83〕

人名索引

ア 行

アドラー（Adler, Hans） *239*〔40, 43〕, *236*〔55〕
アガンベン（Agamben, Giorgio） *231*〔83〕
アドルノ（Adorno, Theodor W.） 16, 22, *240*〔35〕
アリストテレス（Aristoteles） 70, 89, 119, 132, 190, 191, *241*〔32〕
イーグルトン（Eagleton, Terry） 87, *240*〔39〕
イーザー（Iser, Wolfgang） *233*〔75〕
ヴァーグナー（Wagner, Richard） 176
ヴァレリー（Valéry, Paul） *149*
ウィリアムズ（Williams, Bernard） *229*〔91〕
ウィルソン（Wilson, Catherine） *246*〔6〕
ウェストホール（Westfall, Richard S.） *237*〔50〕
ウェルベリ（Wellbery, David E.） *230*〔88〕, *245*〔11〕
エウリピデス（Euripides） 176

カ 行

ガシェ（Gasché, Rodolphe） *232*〔77〕
ガダマー（Gadamer, Hans-Georg） 125, 143, 144, 147, *233*〔71〕, *241*〔32〕
カッシーラー（Cassirer, Ernst） 83, *243*〔21〕, *245*〔13〕
ガム（Gamm, Gerhard） *236*〔54〕
カンギレム（Canguilhem, Georges） *242*〔29〕, 246〔7〕
カント（Kant, Immanuel） 18, 29, 32, 69, 128, 145, 156-166, 174, *233*〔73〕, *234*〔77〕, *237*〔51, 52〕, *241*〔32〕
カンペ（Campe, Rüdiger） *231*〔83〕, *238*〔46〕
キーブレ（Kible, Brigitte） *241*〔31〕
キルケゴール（Kierkegaard, Søren Aabye） 143
クィンティリアヌス（Quintilian） 155
クセノパネス（Xenophanes） 163
クラーク（Clark, Robert） *238*〔47〕
クラーナ（Khurana, Thomas） *231*〔84〕, *243*〔18〕
クリューガー（Krüger, Hans-Peter） *236*〔54〕
ケイギル（Caygill, Howard） *239*〔39〕
ゲーテ（Goethe, Johann Wolfgang） 200, 202, 209, 210
ケーラー（Köhler, Erich） *245*〔9〕
ケルン（Kern, Andrea） *232*〔78〕, *233*〔73〕, *244*〔18〕
コイレ（Koyré, Alexandre） *237*〔50〕
コルネイユ（Corneille, Pierre） 44, *45*

サ 行

ザール（Saar, Martin） *229*〔91〕
シャイブレ（Scheible, Hartmut） *241*〔30〕
シュヴァイツァー（Schweizer, Hans Rudolf） *241*〔30〕
シュチェパンスキー（Szczepanski, Jens） *232*〔78〕
シュナイダー（Schneider, Martin） *244*〔14〕
ジュパンチッチ（Zupančič, Alenka） *234*〔65〕
シュマー（Schümmer, Fr.(iedrich?)) *242*〔23〕
シュミット（Schmitt, Arbogast） *241*〔30〕
シュミット（Schmitt, Carl） 146, *233*〔73〕
シュラーファー（Schlaffer, Heinz） *232*〔79〕

著者略歴

クリストフ・メンケ Christoph Menke

1958年生まれ。ヨハン・ヴォルフガング・ゲーテ大学フランクフルト・アム・マイン哲学教授。フランクフルト学派第3世代の代表者とされる。邦訳された著書に『芸術の至高性――アドルノとデリダによる美的経験』（御茶の水書房、2010年）がある。

訳者略歴（50音順）

杉山卓史（すぎやま・たかし）

1978年生まれ。京都大学文学研究科准教授。専門はカント、ヘルダーを中心とする美学言説史。筑波大などを経て2016年から現職。共著に『美学の事典』（丸善出版、2020年）、『芸術理論古典文献アンソロジー　西洋篇』（幻冬舎、2014年）など。

中村徳仁（なかむら・のりひと）

1995年生まれ。京都大学大学院人間・環境学研究科博士課程在籍。専門は近現代ドイツ哲学、社会思想史。批評誌『夜航』主宰。論文に「シェリングにおける「非体系性」と「自由」の思索」（『哲学』第72号、2021年）など。翻訳に「ポストモダニズム再訪：フレドリック・ジェイムソンへのインタビュー」（『現代思想』6月号、2021年）など。

吉田敬介（よしだ・けいすけ）

1985年生まれ。法政大学文学部哲学科専任講師。専門は社会哲学、宗教哲学。とりわけキルケゴール思想およびアドルノやホルクハイマーの批判理論。論文に「『啓蒙の弁証法』から読むキルケゴール」（『社会思想史研究』第45号、2021年）、「隠された内面性から、外的世界との衝突へ」（『哲学』第72号、2021年）など。

Printed in Japan
ISBN 978-4-409-03116-2 C3010

力《ちから》 美的人間学の根本概念

二〇二二年七月二〇日 初版第一刷印刷
二〇二二年七月三〇日 初版第一刷発行

著 者 クリストフ・メンケ
訳 者 杉山卓史
中村徳仁
吉田敬介

発行者 渡辺博史
発行所 人文書院
〒六一二-八四四七
京都市伏見区竹田西内畑町九
電話〇七五(六〇三)一三四四
振替〇一〇〇〇-八-一一〇三

印刷 創栄図書印刷株式会社
装丁 鎌内 文